美女の正体

下村一喜

集英社文庫

オスカー・ワイルド著『ドリアン・グレイの肖像』という僕の大好きな小説からの一説を、まえがきに代えてここに引用させてください。
この部分は、これから僕が探っていく美女論の根幹を突いていると同時に、実に示唆に富む美女論でもあるからです。

「ところで、綺麗な女かね?」
「あたかも美人であるかのごとくに振舞っています(中略)そこにあの女たちの魅力の秘密があるのでしょう」

(オスカー・ワイルド『ドリアン・グレイの肖像』改版　福田恆存《ふくだつねあり》訳)

美女の正体

目次

本文中に「＊」を付した言葉には、章末に注があることを示しています。

美女の正体

一　美女のグラデーション

世の中は美女だらけです。

世界中の女性は美女と、美女の可能性を秘めている人しか存在しません。僕は本気でそう思っています。

だけど現実には、美女のヒエラルキーというものがあります。それも事実です。トップにはごく少数のすっごい美女がいて、そのすぐ下には美人と呼ばれる人たちがいる。その下にはそこそこの容貌の女性たちが群れをなし、またその下には十人並みとされる女の人たちがひしめきあい、さらにその下には……、という具合に美を基準とした上下関係が、良くも悪くも世の中にはできあがっている。

僕も以前は、そんな美女のヒエラルキーを受け入れていました。まるで富士山を輪切りにするように、美女は分類できると思っていたのです。

頂上にいるのは、たとえばエリザベス・テイラーやグレース・ケリー*、カトリーヌ・ドヌーヴのように天性の美貌を持ったカリスマ的な美女。千人にひとり、いえ、何万人にひとりの美しさを持つ人たちです。

8合目から9合目には、いわゆる美人がいます。ミスなんとかに選ばれたり、読者モデルになったりする人たちですね。その下、中腹にいるのが、そこそこの容貌の女性たち。多数派です。さらに裾野付近にかけては、美しさとは縁遠い女性たちがひしめいているのではないかと。

残酷ですね。美しいかどうかという計測不可能な、だけど目に見える基準で、世の中の女性はみな、オートマティックに仕分けされてしまう。恋愛も就職も結婚も人付き合いも、美人のほうが得。小学校に上がる前からおばあさんになるまで、見た目の良し悪しで差をつけられる。美女に生まれつけば幸せ、そうじゃなければ不幸せ。美しければ美しいほど、女は幸せになる可能性が高くなる。

でも、本当にそうでしょうか?

僕は写真家という仕事柄、被写体となるたくさんの美女を見てきました。幼いころから美しい女性が大好きだった僕は、美女というものの本質を知りたかったので、彼女たちと知り合い、仲良くなり、とことん話してきました。そして、わかったことがあります。

それは、美女にヒエラルキーなんて存在しない、ということでした。

美女というのはそんなに単純なものじゃないし、甘っちょろいものでもない。美女として生きるのは（女性が生きるのは、と言ってもいいかもしれませんが）、そんなに簡単なものではないと気が付いたからです。

その代わりに僕が考えたのは、〈美女のグラデーション〉です。美しさを基準に、端から端まで流れていく。頂点も底辺もありません。横に長い帯状グラフです。美女だからといって、絶対幸せになるとは限らない。美女じゃないからといって、不幸とは言えない。美女であることと幸せは、まったく無関係だと気が付きました。美に上下関係なんて、ないのです。

美女は左右の横移動をする。
今日の「中の上」が明日は「いわゆる美人」に！

流れるプール、またはメビウスの帯のように常に流動するのが美女のカテゴリー。各ゾーンに明快な特徴はあるものの、間の仕切りは実は出入り自由、移動可能な柔軟性をもつ。

旧来のピラミッド型では最高位とされていた「絶世の美女（異形）」も、同じく旧来は最下位だった「別もの（異形）」と多くの類似点があり、表裏一体であることがわかる。

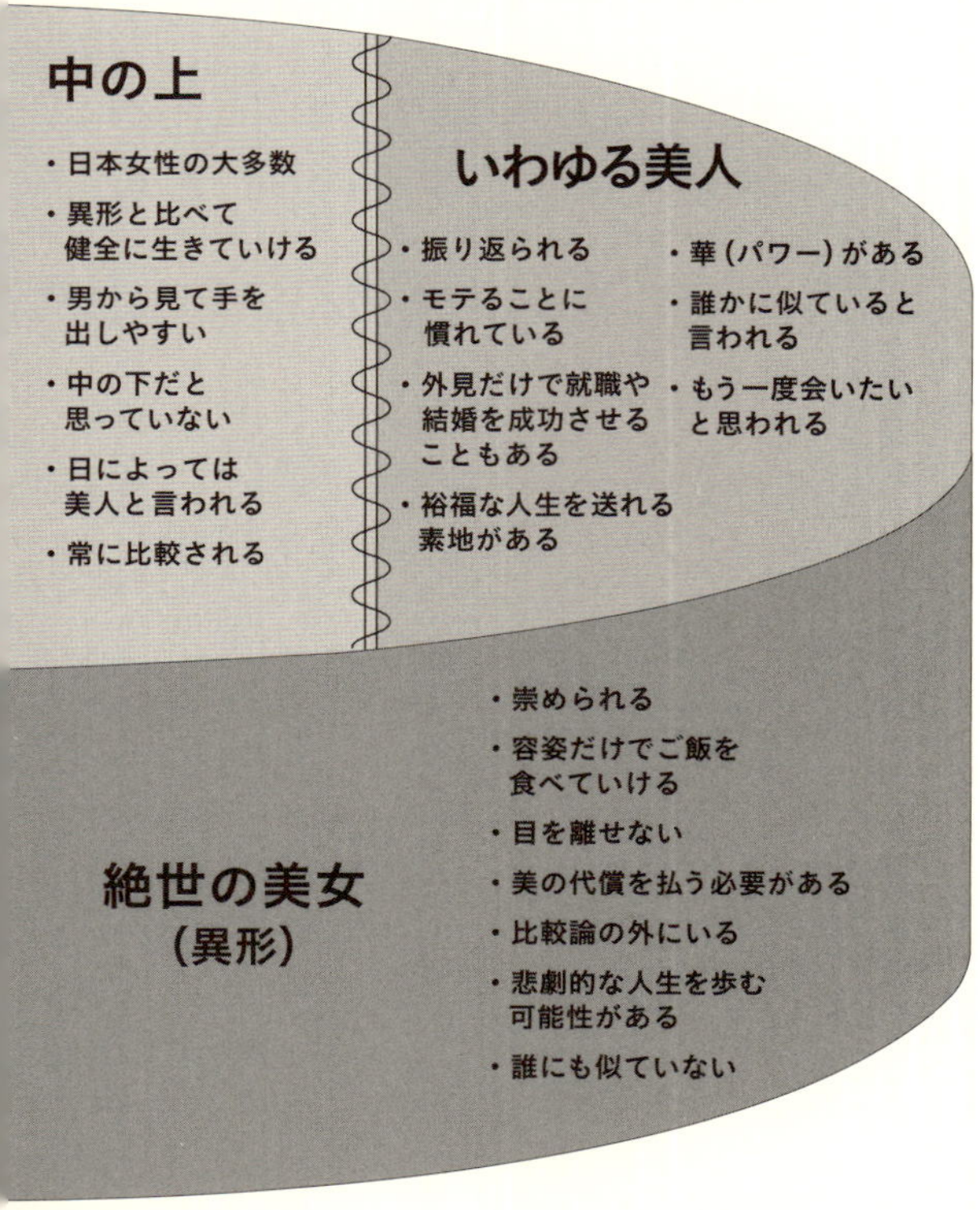
中の上
・日本女性の大多数
・異形と比べて健全に生きていける
・男から見て手を出しやすい
・中の下だと思っていない
・日によっては美人と言われる
・常に比較される
いわゆる美人
・振り返られる
・モテることに慣れている
・外見だけで就職や結婚を成功させることもある
・裕福な人生を送れる素地がある
・華（パワー）がある
・誰かに似ていると言われる
・もう一度会いたいと思われる
絶世の美女（異形）
・崇められる
・容姿だけでご飯を食べていける
・目を離せない
・美の代償を払う必要がある
・比較論の外にいる
・悲劇的な人生を歩む可能性がある
・誰にも似ていない

これが美女のグラデーション

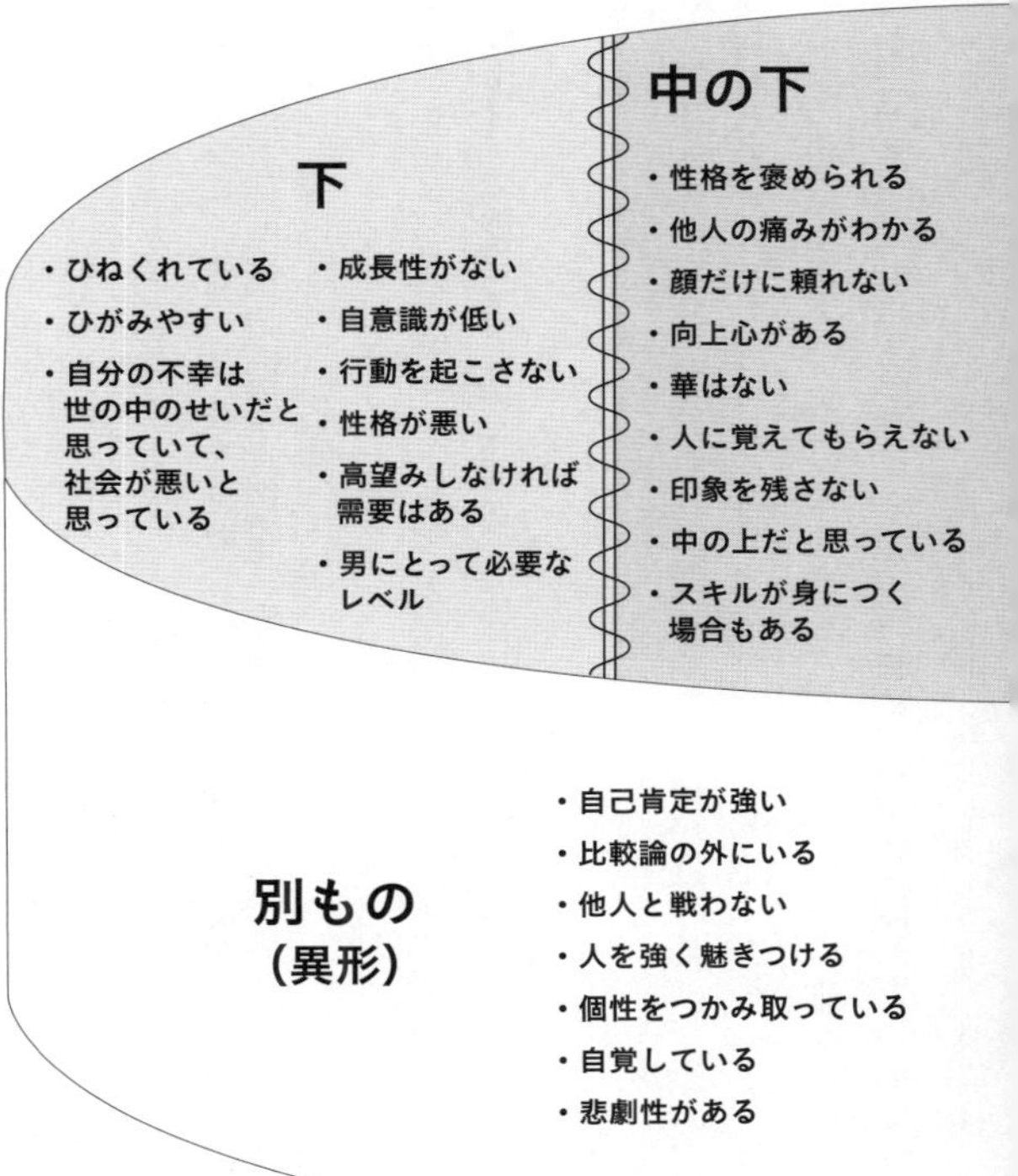
中の下
・性格を褒められる
・他人の痛みがわかる
・顔だけに頼れない
・向上心がある
・華はない
・人に覚えてもらえない
・印象を残さない
・中の上だと思っている
・スキルが身につく場合もある
下
・ひねくれている
・ひがみやすい
・自分の不幸は世の中のせいだと思っていて、社会が悪いと思っている
・成長性がない
・自意識が低い
・行動を起こさない
・性格が悪い
・高望みしなければ需要はある
・男にとって必要なレベル
別もの
(異形)
・自己肯定が強い
・比較論の外にいる
・他人と戦わない
・人を強く魅きつける
・個性をつかみ取っている
・自覚している
・悲劇性がある

まず最右翼は、〈絶世の美女・異形《いぎょう》〉です。

その美しさだけで崇拝され、容姿だけでご飯が食べていけるような存在です。人間とは思えない……、異形のものと言ってもいいかもしれません。でもだからこそ、その美しさの代償として、悲劇的な人生を歩む可能性があります。美しさゆえに、まっとうな人生を送れないことも多いのです。たとえばグレース・ケリーのような。

その横には、〈いわゆる美人〉がいます。

すれ違うと必ず振り返られるような美女。

もちろん男にモテますが、そんなことには慣れっこ。運が良ければ、その容姿だけで裕福になれるかもしれない。金や地位を持っている男は、こういう華があってパワーがある女を手に入れたいものですから。女優やモデルの誰かに似ている、と言われることも多いでしょう。似ている、は褒め言葉とは限らないのですが。

その次にくるのが、〈中の上〉。

大多数の女性は、ここに入ります。自分を〈中の下〉と冷静に判断する女性は少ないですからね。

この手の女性は大多数の男性から見て手を出しやすいので、誘いやすく、結果モテる。絶世の美女と比べたら、健全に生きていけるタイプです。ちょっと頑張ればきれいと言われる、そんなポテンシャルも持っています。

その横にいるのが、〈中の下〉です。

美しさには、コンプレックスを持っているかもしれません。会ったことのある人にも、覚えていてもらえない。印象が薄いのです。インパクトがない、とも言えます。

でもだからこそ、人の痛みがわかる。容姿だけに頼らないから、スキルが身につくこともある。性格で惚《ほ》れられることもある。派手さはない代わりに、中年以降、急にまわりの評価が上がったりもします。いい感じのおばさんになったりします。

そしていよいよ、〈下〉です。

コンプレックスの塊です。ひねくれている、ひがみやすい、レベルを下げて自分のファンタジーの中で生きていれば満足だから成長性がない、自意識が低い、性格が悪い、自分の不遇を社会のせいだと思っている。そして自発的に行動しない。さらに自分は正しいと思っている人が多いのも、このジャンル。でも高望みしなければ、恋に不自由はしないはず。ニーズはあるのです。

最左翼が、〈別もの・異形〉です。

きれいとかブスとか、比較論の外側にいる人です。
自己肯定も強いので、個性をつかみ取っています。超越しているので、他人とは戦いません。競争から外れている分、自由に生きられるのですが、悲劇性をはらむ可能性もあります。

こうやって分類しているのだから、ヒエラルキーと同じじゃん、と思うかもしれません。タテをヨコにしただけで、女性を外見で仕分けしていることに変わりはない、と。

でも、もう一度見てください。

〈絶世の美女・異形〉と〈別もの・異形〉に共通点が多いことに気が付きませんか？　実際に、異形の人が進化する、あるいは一歩間違えると、絶世の美女と評される場合もあります。絶世の美女がふとした拍子に、異形のものとなることもあります。極端と極端は、実はつながっているのではないかと僕は思っています。

しかも〈中の上〉にいる人は、頑張り次第で〈いわゆる美人〉に行くことも可能。気を抜けばあっという間に〈中の下〉に。

同様に〈下〉の人だって右に左に、移動してしまえる。

美女という概念の実体はヒエラルキーどころか、ドーナツみたいな円グラフ。中身は常に流動的で、流れるプールみたいにぐるぐるぐるぐるまわっているのかもしれません。

じゃあいったい美女って何？　そう思いますよね。実は僕も、美女を明確に定義しようと思ったのですが、これがなかなか難しい。美女について知り尽くしているつもりでいるのですが、だからこそ、美女とはひとことでは語れないものなのです。

一緒に考えてみませんか？　美女というものの正体を。

14頁　**グレース・ケリー**　１９２９年生まれ。その完璧な美貌から「クール・ビューティ」と呼ばれたアメリカの女優。活躍は１９５０年代から60年代。ヒッチコック監督から理想とする女性の最高峰と言われ、彼の映画の主演はグレース・ケリーを彷彿させる女優たちで彩られた。その後、モナコ公国のレーニエ3世に求められ、王妃への階段を駆け上がった。１９８２年に交通事故で死去。

「ヒッチコック監督が口説いて口説いて、最後まで手に入れられなかったのがグレース・ケリーですね。『マーニー』（１９６４）という映画への出演を彼女が断ったので、ティッピー・ヘドレンというファッション雑誌『ヴォーグ』のモデルが代わりに出演しました。ほかの映画にしても主演はみな似てるんですよ、グレース・ケリーに」

（注のコメントは著者による。以下同様）

二　僕の生い立ち

これから僕は、美女というものについて語っていきます。

でもその前に、僕自身のことを少し話しておきたい。なぜ僕が美女というものについていてえらそうに語ろうとしているのか、みなさんに知って欲しいからです。

僕と美女との関わりは、母から始まります。

母は美しい人でした。僕が11歳のときに両親は離婚してしまい、以来母は僕の世界から消えてしまったので、幼いころの記憶しかありません。でも人生で初めて接した女性である母の面影や母からの影響はすごく大きかった。突然姿を消してしまったことで、その印象や影響はより色濃くなったのかもしれません。

母は結婚する前、１９６０年代から70年代にかけて、ＪＡＬ国際線のキャビンアテンダントをしていました。

当時の女性の、花形の職業でした。いまよりもずっと特権的な存在。

当時、海外に行くということは、いまの感覚にすると「宇宙旅行に行く」というくらい、遠いことだったのですから。

しかも母の中にはウーマンリブ的な思想もありました。当時の日本という国を代表し、外国語を話し、人の命を預かり、ひとりの人間として働くというプライドを持って、キャビンアテンダントという職業についていたようです。


僕が生まれ育ったのは兵庫《ひょうご》県の宝塚《たからづか》。

その言葉の響きが想像させるよりももっと田舎でのどかなところでした。玄関をあけて少し歩くと森！　というような。

母が僕に話してくれる言葉の内容は、刺激的でした。東京《とうきょう》すら知らない僕に、ロンドンやパリ、ニューヨークの街の話をするんです。***マリー・クワント**のミニスカートがどうとか、***パコ・ラバンヌ**がどうとか、***イヴ・サン＝ローラン**がどうとか。東京の話にしても、

「六本木《ろっぽんぎ》に***キャンティ**という店があってね」
「赤坂《あかさか》の***ムゲン**というディスコでは……」

って、めちゃくちゃ別次元です。母の話はとても面白かった。

僕自身は、ちょっと変わった子でした。美しいものがすごく好きで、いつも絵を描いていた。親の離婚もあり、家の中は常に混沌としていやなことがたくさんあったのですが、学校に行っても居場所がありませんでした。僕は異形のものだったのです。

性的に自分がゲイであることは、小さいころから自覚していました。田舎でしたし、今ほどオープンにされていなかったあのころ、僕は基本的に疎外感の中にいた。個性的とよく言われ、それがまたイヤでした。どこに行ってもアウトサイダーでした。

ようやく見つけた居場所が、映画の中です。当時はテレビで、素晴らしい邦画を次々に放送していたのです。***篠田《しのだ》正浩《まさひろ》監督**の『**卑弥呼**』、***寺山《てらやま》修司《しゅうじ》監督**の『**田**

園に死す』、***鈴木《すずき》清順《せいじゅん》監督の『ツィゴイネルワイゼン』や『陽炎座』**などなど、当時観た映画は数知れません。

映画に出てくる美しい女優さんに憧れ、崇拝し、その女性像にトランスして生きていました。鏡の前に陣取り、映画で見た女優の仕草をしてみたり、雑誌で見たモデルのポーズを真似したり。学校からの帰り道、***黒澤明《くろさわあきら》監督の映画『乱』**の台詞をぶつぶつと、つぶやいていたりもしました。

なぜそんなことを始めたのか、よく覚えていません。

でもはっきりと言えるのは、自分自身がその女優になりたいわけではなく、女性の格好をして女性そのものになりたいわけでもない。

その魅力を分析し、再現したかった、ということです。

まだ自分の想像力のアウトプット方法を見つけていなかったので、空想の中で僕は、女優に演技をさせていました。こういう仕草で、ここはこうしてと、僕は演じて反芻していたのです。悪女でも聖女でもレディでも娼婦でも、女性にはその生き方によってさまざまな美しさがある。種々多様な女のありようというものに、僕は夢中でした。

大学は多摩美術大学、映像科を専攻しました。もちろん、映画監督になるつもりです。その授業の中に〈写真を撮る〉という授業があり、そこから今の僕の仕事、写真家への道が拓《ひら》けました。

そもそも僕が映画監督になりたいという夢を持ったのも、映画を撮りたかったわけじゃない。女優を撮りたかったのです。この女優にこういう服を着せて、こんな仕草をさせて、それをフィルムに残したい。だったら写真家でいいはずです。

僕にとって写真は、「止まっている映画」なのです。一枚の写真にも、その刹那のドラマがあり、そこに至るまでの経緯があり、後日譚《ごじつたん》がある。そう感じさせる写真を、僕なら撮れるはずだ、と思いました。

そこから一気に、写真というものにのめり込んだのです。

21歳のとき、在学中から写真家として雑誌の仕事を始めました。ところがこれが、うまくいかない。僕の中にある女性のイメージがあまりに強烈すぎて、写真にそれをうまく写し出せないのです。

当たり前ですよね、アシスタント経験もない、テクニックもない、処世術もない。モデルが思ってもいない動きをしたり、コスチュームが予想外のものだったりすると、すぐに崩れてしまうんです。商業写真としては成り立ちません。プロフェッショナルとしてフットワークが重すぎることに、自分でも気が付いていました。

美意識や知識に関してはリスペクトされていたものの、「頼んだものと違う」と言われてしまうことが多く、思うように仕事はこなかった。

行き詰まってしまったあげく僕が選んだのは、パリに行き自分を試すことでした。

パリに着いて最初にしたことは、今までの写真をまとめたブックを持ってファッション誌の編集部に売り込みに行くこと、また、たくさんのデザイナーに逢いに行くこと。

するとそこで、驚くべきことが起こりました。

その半年後、フランスの国民的なファッション誌『マダム・フィガロ』という雑誌の黒い服という企画で、

「あなたが好きなように撮ってみれば？」

と言われたのです。

もちろん、ブックの中にある僕の写真を見た上での判断でしょう。でもそれ以上に、彼らは僕の矢継ぎ早の言葉を聞いてくれました。


「あなたは誰？」

「何が好きなの？」

「どういう写真が撮りたいの？」


聞かれれば僕は、よどみなく答えます。話します。しゃべり倒します。それを聞いた上で僕を受け入れ、認めてくれたことが、僕は本当にうれしかった。


さらに、パリに来て初めてのその仕事で、雑誌の中ほどに掲載されるべく撮影した1枚のファッション写真が、表紙に選ばれるという僥倖《ぎょうこう》を得たのです。

それを聞いても、なかなか信じることができませんでした。何日か後に雑誌の発売日が来て、パリの街のマガジンスタンドに表紙のポスターがずらっと貼られている。その写真は確かに僕が撮影したあのファッション写真だったのを見て初めて、本当だったんだ、と実感しました。

あの日のことは忘れられません。だって僕は、パリで認められなかったら、もう写真家になるのはあきらめようと思っていた。背水の陣が、一発逆転。

これで僕は本当のプロフェッショナルになるためのチケットを手に入れた。そう確信したのです。

それから7年、パリで働きました。たくさんの方々が、ただでさえ困難で、また政府の方針により取得方法が変化するビザの取得に協力してくれたおかげです。あちこちのメゾンでオートクチュールのファッション写真を撮り、トップモデルたちを撮影しました。日本からの撮影依頼もたくさん引き受けました。

その結果、撮影技術は上がりましたし、自分のイメージを人に伝えるボキャブラリーも増えたと思います。仕事が僕を育ててくれました。

『マダム・フィガロ』誌は、フィガロ新聞社という大きな会社で守られたファッション誌です。相対する『ル・モンド』新聞が左翼なら『フィガロ』新聞は右翼、と、一見ファッションとは無関係であるような政治が内在している、フランス特有の新聞やファッション雑誌です。

フランス人の心の中には、革命によって自分たちが政治を変え、民衆が国王さえも替えたという誇りと自負があります。僕のフランス人のボーイフレンドなどは、大統領選挙の日を指折り数えては、

「あいつのここが悪い！」
「悪い奴だけど、政治家としては立派な人間だ！」
「あんな人間は許せない！　でも移民に関する彼の意見は正しい！」

とウキウキ、わくわく投票に行くのです。政治一般に一切関心を持たなかった僕は、あまりに異なる意識に自分を恥ずかしく思い、情けなくなったものです。それほどまでにフランスでは政治が日常に介在しているということを思い知りました。

フランスのファッション誌は、明るい紙面を意識した『マリ・クレール』『マリ・フランス』、健康的な現代女性を表す『エル』、10代を対象とする『ジュネ・ジョリ』、ドレス特集を得意とする『ロフィシャル』、アメリカのコンデナスト社を母体とし別格的存在である『フレンチ・ヴォーグ』、ストリートファッションを継承する『ヌュメロ』や『パープルファッション』『シティズン K』があります。

その中で、国民的と前述した『マダム・フィガロ』は、国民が勝ち取ったジャーナル・マガジンであり、パリという街に溶け込んだクラスとソサエティ、そしてジャーナルを表すもっとも影響力を持ったファッション誌でした。階級社会であるフランスにおいて、多くのエディターたちは名前に「de」のつく貴族出身者や「シュバリエ」という騎士《ナイト》の称号を持つ家柄出身。

外国人写真家である僕のビザ取得に尽力すること。それはフランス出身のアーティストを雇うよりもお金がかかり、面倒な税金を課せられることを意味します。フランス人はとてもお金にシビアですから、一銭たりとも他国には自国のお金を渡さない！　とそれはもう徹底しています。

僕の才能を認めてくれたのが権威あるフィガロ新聞社だったことは本当に幸いで、またフィガロ新聞社だからこそ速やかなビザの取得が可能だったのだと思います。

個性を崇《あが》めるフランス人という国民性は、両手を広げて僕を認めてくれました。もちろんパリでの仕事は楽な道のりばかりではなかったのですが……。

だけど不思議と、僕の中にある女性像は変わりませんでした。それどころか以前よりも明確に、強烈に、女性を美しく撮影したいという衝動が生まれてきました。僕の撮りたいのはこれだ、という方向性が定まったのです。

それは「美人画」でした。

美人画といえば、僕にとっては**歌麿**《*うたまろ》、**竹久夢二**《*たけひさゆめじ》、**高畠華宵**《*たかばたけかしょう》、そして**中原淳一**《*なかはらじゅんいち》。美しい女性の、彼女が一番美しい瞬間を切り取って、画《え》に描き写した人たちです。

カメラでそれを実現したのが、僕が勝手に師と仰ぐ、***セシル・ビートン**。彼もまた、まるで宮廷画家のように、美しい女性の所作を見事に切り取っています。

僕は美人画を撮影する写真家になると心に決めました。いつかは、もともとの夢であった日本の女優を日本で撮影する。

僕は日本に戻ることにしたのです。


それからの僕は、多くの女性誌で表紙やファッショングラビアを撮影するようになりました。もちろん以前の僕とは違いますから、編集者と徹底的にコミュニケーションを取り、打ち合わせの段階からテーマに沿ってヘアメイクアップ、スタイリングを決めていきます。

「こんな感じで」、という曖昧な言葉ではなく具体的に。50年代後半に流行ったあの髪型で、衣装はこれ、アクセサリーはこれ、靴はこれ、と。

ですから打ち合わせの段階で、写真はもうほぼできあがっているようなものです。


もちろん、撮影現場には「魔物」が棲んでいますから、思い通りにならないことも多い。アクシデントはつきものです。でも多少変化があっても、今の僕は揺るがない。いえ、その変化を楽しむ余裕もでてきました。

そしてシャッターを切りながら、時おり僕はモデルや女優、アーティストにポージングのアドバイスもします。

腰をこうひねって、手はこの角度に、視線はこんなふうにカメラを見て、がはっと笑ってみて……。

説明しながら僕が実際に、ポーズを取ってみせるのです。小学生のころからやってきたことですから、ポージングは得意中の得意。すると仕上がりは、抜群に良いのです！

当然です。だって僕は、どうすればこの女性を極上の美女に見せることができるのか、その手だてを知っている。女性をより美しく撮影し表現するために、日々精進し全身全霊を捧げているのです。

25頁　**マリー・クワント**　1960年代に世界を席巻したロンドン発祥の服飾ブランド。デザイナーであるマリー・クワントの名はミニスカートの代名詞にもなった。タイツの色をコーディネートの要として扱うなど、ファッションに革命をもたらした。

25頁　**パコ・ラバンヌ**　バスク生まれのフランス人デザイナー。プラスティックやステンレスを使ったドレスなどを発表し、オートクチュールにひとつの未来性を提案し続けた。服のみではなく、庭のデザインなども手がける。

25頁　**イヴ・サン＝ローラン**　フランス人デザイナー。優雅な中にも実用性と若々しさをもった服はたちまち好評、女性たちから圧倒的支持を獲得した。「スモーキング・スーツやミリタリー・ルック、サファリ・ルックなどの要素を取り入れ、パリのオートクチュール界に君臨しました。理想像を女性に押し付けず、着やすい服でありつつスタイリッシュな服をデザインしたパリのモード界の帝王。『昼顔』という映画の衣装を担当したのも彼です」

26頁　**キャンティ**　1960年代より六本木飯倉《いいくら》にあるイタリア料理店。三島由紀夫《みしまゆきお》が自決前に最後の食事をとったり、よき遊び人が夜な夜な集う東京カルチャーの舞台であり続ける老舗。前述サン＝ローランやピエール・カルダンなども訪れたモニュメンタル・レストラン。ちなみに著者が本作の初回打ち合わせの場所として指定したのがここ。

26頁　**ムゲン**　1960年代後半、芸能人、モデル、ミュージシャンほかいわゆるセレブリティたちが毎夜のように通ったディスコ。文壇の寵児からサイケデリック・ジェネレーションまで狂乱の文化の宴が繰り広げられた。

26頁　**篠田正浩監督の『卑弥呼』**　邪馬台国の女王卑弥呼《ひみこ》を大胆に解釈した1974年公開の映画。主演は岩下志麻《いわしたしま》。

26頁　**寺山修司監督の『田園に死す』**　アングラ的要素や劇中劇など寺山作品らしさにあふれた1974年公開の映画。

27頁　**鈴木清順監督の『ツィゴイネルワイゼン』や『陽炎座』**　『ツィゴイネルワイゼン』は1980年公開。4人の男女とSPレコードに吹き込まれたツィゴイネルワイゼン（サラサーテ作曲）とを軸に進むシュールで幽玄な物語。『陽炎座』は1981年の公開で、映像美と難解さ、主演の松田優作《まつだゆうさく》の演技などアナーキーな要素が光る映画。

27頁　**黒澤明監督の映画『乱』**　シェイクスピア劇『リア王』を日本の戦国時代に置き換えた一大悲劇。主演は仲代達矢《なかだいたつや》。「なんといっても原田美枝子《はらだみえこ》の演技が素晴らしい！」

34頁　**歌麿**　喜多川《きたがわ》歌麿（1753〜1806）江戸時代の浮世絵画家。従来の美人画が全身を描くものだったのに対して、歌麿は「顔アップ」の画法を発明。美女度をよりいっそうアピールすることが可能になり、一躍ブームに。

34頁　**竹久夢二**（１８８４〜１９３４）　大正ロマンと呼ばれる一時代の美人画家、マルチ・クリエイター。女性の身体を曲線で描き、やや病めいたアンニュイな表情を得意とする。絵のみならず、小物入れや着物周りまでのファッションアイテムにも夢二の美人画は転写され、包装紙のグラフィックデザインなども手がける。「大正時代に流行した『宵待草』という曲の作詞も手がけました」

34頁　**高畠華宵**（１８８８〜１９６６）　大正から昭和期の画家。独特の三白眼を有する凜々《りり》しい少女像、妖艶な少年像で一世を風靡。そのブームは雑誌の口絵ページ、挿絵からファッション小物にまで及ぶ。

34頁　**中原淳一**（１９１３〜１９８３）　画家、ファッションデザイナー、編集者。雑誌『それいゆ』などで有名な、瞳の大きな少女画は、昭和黎明期の少女たちのみならず現代のクリエイターたちにも影響大。「今のマンガやアニメーションに見られる目の大きさ。それは中原淳一さんが発明したものです。彼は、灰色の街に咲いた一輪のひまわりと呼ばれ、人々に夢を提供しつづけた存在でした」

34頁　**セシル・ビートン**（１９０４～１９８０）　20世紀最高の肖像写真家でありデザイナー。旧き良き英国レディたちの所作や美意識、美しい作法などを写真に切り取る。その撮影リストにはミック・ジャガー、エリザベス女王も名を連ねる。映画『マイ・フェア・レディ』（１９６４）では衣装デザインを担当。

１９４８年にセシル・ビートンが撮影した「Charles James Evening Dresses」は上流階級の女性たちがまとうドレスの衣《きぬ》ずれの音とひそやかなさんざめきが聞こえてくるような美人画写真の傑作。この構図に影響を受けた写真家は多く、『イタリアン・ヴォーグ』など多くのファッション誌にいまだその美意識は息づいている。「写真家のリチャード・アヴェドンやスティーヴン・マイゼル、マリオ・テスティーノなどに大きな影響を与えました」

三　山口小夜子という混線

僕の美意識は、日本の映画を栄養分にして育ちました。でもそれ以前に、僕の美意識に大きな衝撃を与えてくれたものがあった。

それがあの、*山口小夜子《やまぐちさよこ》さんです。

8歳くらいだったと思います。近所のドラッグストアに、大きなポスターが貼ってありました。資生堂の、小夜子さんのポスターです。おかっぱで切れ長の目の女性がじっとこちらを見ている、それはそれは強烈な印象でした。ある種、怖ろしさを感じました。

なんだこれは！　と。

戦後のもののない時代、雑誌やテレビ映像などでアメリカやイギリス、フランスなど欧米の豊かさを目の当たりにして、そのイメージを刷り込まれていた。そんな親の影響で、日本を否定するわけじゃないけど、外国は広くて豊かで素晴らしいのだと、僕も思い込んでいました。

またその世代の人々には、西洋崇拝の気があったと思います。

女性だって、外国の人はきれいなのだと信じていました。

金色の髪は軽く輝き、青い目は光を反射し、凹凸のある顔は雄弁で、のびやかな肢体はより自由に僕の目に映りました。

湿度のある日本人のありようよりも、ずっと。

そこにあの、おかっぱ切れ長の小夜子さんです。びっくりする僕に、母は「この人は日本人だけど外国でも、とても認められたモデルさんなのよ」と教えてくれました。

大混線です。

小夜子さんの顔から発する何かが僕に、「東洋人のままで美しいんだよ」と囁《ささや》いている。こんなに日本的で東洋的であっても、美しさは存在する。いや、それは西洋の人がどんなに頑張っても望んでも手に入れることのできない、素晴らしいものなんだ。私たちだけが持つ美しさなんだ。

そう気付いた瞬間が、僕とジャポネスクとの出会いだったのです。

次の日から僕は、小夜子さんの絵を描き始めました。

それまでの美意識、西洋の美だけを基準としたような美意識はガラガラと崩壊してしまったのです。

美意識を再構築するために、僕は日本というものに興味を持ち始めました。日本の映画に熱中したのも、それが理由のひとつだったのかもしれません。そして小夜子さんの絵を毎日描きながら、いずれなにがしかの形でこの人に会いたいと思っていました。二十数年後にその夢は実現するのですが、それはまた後でお話ししましょう。

さて、ジャポネスクの話は続きます。

21歳のときに写真家デビューし、僕は自分の中に育て上げたジャポネスク、日本の美意識に自信を持っていました。これを軸に、いえ武器にして、素晴らしい作品を撮ろうと意気込んでいました。

だけどそれは、日本という国の中では歓迎されなかったのです。

前にお話ししたように、その後僕はパリに渡りました。でもそれは、僕がフランスに憧れていたからではありません。パリに行ってしばらくすれば、帰国後パリ帰りの写真家としてハクがつく、と思ったからでもありません。

僕は日本というものを、ジャポネスクというものを再度日本からプレゼンテーションするためにパリに行ったのです。僕の武器が単なる思い込みなのか、それとも本当はすごく強力なパワーを持っているのか、確かめるためでもありました。

海外に出ると、郷に入っては郷に従えとばかりに、その地の文化に順応しようとしますよね？　それこそが国際人だと思っていませんか？　言葉もマナーも文化も、それぞれの国によって違いますから、それはとても大切なこと。
だけど同時に自分自身のエスニック、民族性を忘れてはいけないんです。

たくさんの民族が交錯する国際的な場において、ナショナリズムを捨ててしまったら、国籍不明の謎の存在になってしまうだけです。僕には僕のエスニック、つまり日本人という民族性がある。それを強く意識し、きちんと主張することが、何より大事。インターナショナルな存在になるためにはまず何よりも、ナショナリストであるべきなのです。

当時、僕が持参したブックが拙いものであることは自分でもわかっていました。そこで僕は自己プレゼンテーション、アピアランスを黒い革のパンツ、黒い革のタンクトップ、黒い革の手袋、黒い革のトレンチコートに託したのです。東洋人の男性がするには珍しい、と彼らの目に映ったところもあるでしょう。
パリの腕利きの編集者やデザイナーたちは実に多忙。作品を持参した売り込みなんてものに時間をさいてくれないことだってあります。そんな彼らがそのブックを見たあとは、僕にいろいろな問いを投げかけてくれたのです。

「で、あなたは何者？　何を伝えたくてパリに来たの？　何がやりたいの？」

　このアピアランス、セルフ・プロデュースって美女の心意気にも通底すること。後ほどちゃんとお話ししましょう。

　それに対して僕が話したのは、＊**三島由紀夫**の話、黒澤明の作品について、＊**大島《おおしま》渚《なぎさ》**の**『愛のコリーダ』**のこと。日本の文化、日本の建築、日本のグラフィックデザインとそのアヴァンギャルドさ、日本のファッションのこと。

「＊**ルイ・ヴィトンのモノグラム**はそもそも、日本の家紋の模様からヒントを得ているんですよ」

「＊**アール・ヌーヴォー**とか＊**アール・デコ**とかあなたたちが愛《め》でているあの世界観。あれは日本の影響です」

「日本のミニマリズムがどんなに素晴らしいか、知っていますよね？」

「日本に昔からある建築スタイルなんだけど、部屋の中に**床の間**[*]というスペースを確保しています。そこに季節や気分に合わせて花や書や掛け軸なんかをリニューアルしながらディスプレイする。素晴らしいと思いませんか？　日本の家の中には小さな美術館があるんです」

　そんな僕のおしゃべりを、フランスの人たちは喜んで聞いてくれました。それは僕が一番言いたかったことであり、それを伝えることができたので、僕は仕事をもらえたのだと思います。

　さて、話は小夜子さんのことに戻ります。

　パリで仕事をするようになって僕が最初に任されたフランスのファッションブランドの広告のモデルに、小夜子さんを被写体として日本からお招《よ》びしました。

何日間か撮影やプライベートをご一緒するにつれ僕が思ったのは、全然日本的じゃないな、ということ。

だって日本に小夜子さんみたいな人、他にいますか？　いませんよね。

彼女は自分に似合う日本的な要素を絶妙に取り込んで、自分という作品を作り上げたのだと思います。おかっぱで、切れ長の目で、ナショナリスティックな美を極めることで、世界的なモデルというコスモポリタンの座を獲得したのです。

フランスの女性はフランス風に、イギリスの女性はイギリス人らしく。それぞれ自国のありようをまずは受け入れること。エスニックなりナショナリティなりを極めることが、美しさにつながります。また、ハーフの方やクォーターの方にもそれぞれ同様にナショナリティをともなう意識が強烈にあるはずです。

そしてそれは、女性ひとりひとりの美しさにも通じること。自分であることをまず、欠点をも含めて受け入れてください。

42頁　**山口小夜子**　1949年生まれ。日本人モデルとしてパリ・コレクションのランウェイに登場、世界中に衝撃を与え、多くのデザイナーの創作意欲を刺激した。圧倒的な存在感、高い美意識、芸術気質。才能と美貌に恵まれた稀有な女性は2007年、この世を去った。

「美しいことは苦しいって。小夜子さんがおっしゃった中でいちばん心に残っている言葉ですね」生前に親交があった著者は、山口小夜子のドキュメンタリー映画『氷の花火−山口小夜子−』に時代の証言者として出演し、その愛を語った。

47頁　**三島由紀夫**（1925〜1970）昭和の作家。流麗耽美な文章が特徴。西洋の美と日本の美とどちらにも造詣が深く、彼流の美学を貫いて生き、死ぬ。代表作は『仮面の告白』『禁色』『豊饒の海』など。

47頁　**大島渚の『愛のコリーダ』**　大島渚監督による日仏合作映画。1976年公開。愛人の男性を殺害した後、性器を切り取って逃亡した「阿部定事件」を題材に、男女の濃密な愛を描いた問題作で世界中に一大センセーションを巻き起こす。
「悔しいですが、法律上、日本ではオリジナル版を見ることができません」

47頁　**ルイ・ヴィトンのモノグラム**　LVという頭文字と花紋とをグラフィカルに組み合わせたルイ・ヴィトンブランドのシンボル。

47頁　**アール・ヌーヴォー**　アール（芸術）・ヌーヴォー（新しい）は19世紀末から20世紀初頭にかけて西ヨーロッパやアメリカを席巻した美術様式。植物模様や曲線・曲面を用いた装飾的表現に特徴がある。

47頁　**アール・デコ**　アール（芸術）・デコ（デコラティフの略）は、アール・ヌーヴォーの反動として現れたバウハウスなどの機能主義と折衷した様式。ピカソ、ロシア音楽家を巻き込んだバレエ・リュスなど多方面へ波及した。
「東京の目黒《めぐろ》に、その象徴であり傑作といわれる朝香宮《あさかのみや》邸（東京都庭園美術館）があります。素晴らしいところです。特にルネ・ラリックが作ったガラス工芸のファサード装飾、そのモチーフのなんと美しいこと！」

48頁　**床の間**　日本家屋に設置されるスペース。掛け軸、花、器など四季や行事にふさわしいものを穏やかに飾り付ける場所。

「またはぶら下がり健康器の設置場所ですね。で、そこに洗濯物を干したり……（笑）」

四　美しいからモテるとは限らない

フランス映画に『美しすぎて』[*]という作品がありました。

高級車のディーラーをしている裕福な男がいて、その妻がキャロル・ブーケ[*]演じるところの絶世の美女なんです。幸せに暮らしているんですけど、でも妻が何か変だな、と感じてダンナの秘密を探ると、浮気していた。

その相手がなんと、こんな太った冴えないおばちゃん！　責められたダンナは、妻にこう言います。

「君と一緒にいると息が詰まる」

男が求めるのは「安心できる女」なんです。

あまり美しいと緊張感があって、安心できないんですね。

女性は緊張感があるくらい美しい女の人を好きだけれど、「シャープでカッコ良くてステキ！」と思うけれど、男はそうは思わない。それよりも男を受け入れてくれる女、男に意見しない女のほうが安心できて、そばにいて欲しいと思うんです。

だってそもそも男は、コンプレックスが強い生き物ですから。

初対面の男同士なんて、大変ですよ。相手が自分よりもいい時計をしていい車に乗っていたら、たちまち劣等感に打ちのめされます。

そんな単純なことで傷ついてしまうものですから、トロフィーワイフとして超美形の妻を求めたとしても、実は内心、疲れたときによしよしって慰めてくれる母性を持った女性を求めている。

良くも悪くも繊細でナーバスな生き物なんです、男は。

対する女性は、どうでしょう。

きれいになりたい、美しくなりたいと願うその理由の大半は、男性にモテたいからじゃないですか？　人からチヤホヤされたい、人気者になりたい。街を歩いているとたまに、こんなオーラを発散して歩いている女性をみかけます。

「口説いて、私を！」

「ほらほら、寄ってらっしゃい！」

そして相手の男の腕にしなだれかかりながら「わかる？　私、今、こんなにモテているのよ！」って。


でもね、実はそれって、すごく面倒くさい風景です。ある程度生きてきて、経験を重ねてみると、１００人からモテることより、たったひとりの然《しか》るべき人と時間を過ごすことのほうがずっと素敵なことだとわかる。


若いうちは、やたらとモテるのも良いかもしれません。デートに誘われて、何を着ていこうか考えて化粧して、その結果「結婚という人生の就職活動」に時間と体力を費やすのも青春のメモリーになるでしょう。

その中からちゃんと然るべき人を選んで結婚するなら、それはそれで素敵なことです。

でも時が過ぎれば、モテるとかモテないとかそんなこと、どうでもいいことになるんです。いえ逆に、何年か経っていい大人になってから、「私って昔、モテモテだったの」って話してるおばさん、ダサくないですか？

人の幸せというのは、

〈人から求められていることを実感すること、それを自分で肯定できること〉

なんです。

男として女として母として父として、職業がなんであれ。どんな立場でも人に求められるということ、求められている自分自身や仕事内容などを自己肯定できること。それが生きることの実感であり幸せなんですね。

そこに顔とかスタイルという要素がくっついてしまうから、事態がゴチャゴチャします。容姿が美しい人ほど、手っ取り早く人に求められる。だから人は美しくありたいと思うのです。

でも人生長く生きてくると、幸せの定義づけには顔やスタイル、社会的地位がさほど重要なファクターではないことに気が付きます。自分の精神性や心持ち、内面がぴたっと合う人と過ごせる時間は何よりも楽しい。どんなに美しい人よりも、相性の良い相手と過ごす時間のほうが大事だし幸せな瞬間なのだと、人は若さと引き換えに学ぶのです。

53頁　**『美しすぎて』**　1989年公開のフランス映画。ベルトラン・ブリエ監督。カンヌ国際映画祭審査員グランプリ受賞作品。夫役はジェラール・ドパルデューが演じた。フランス映画らしい大人の恋愛ストーリー。

53頁　**キャロル・ブーケ**　1957年生まれのフランス人女優。美貌と知性を併せ持つ現代のクール・ビューティ。シャネル5番の香水のキャラクターに起用されたり、ボンド・ガールを演じたりしたことでも有名。女性ファンが多い。

五　モデルは時代の美のうつしかがみ

モデルという存在、僕はすごく好きです。

女優は演技をしているけど、モデルはきれいなだけ、というのが一般的なイメージだと思いますが、モデルというのは声のない女優活動だと僕は思っています。

たとえば女性誌のファッションページを撮影するとき、モデルはその女性誌を象徴する女性像を演じています。ランウェイでも、デザイナーが理想とする女性像を憑依《ひょうい》させて歩いている。モデルというのはその場で求められているものを感知して、体や表情でそれを表す仕事なんです。

以前小夜子さんが、こんなことを言っていました。

パリで＊**高田賢三**《たかだけんぞう》さんのコレクションに出たとき、ケンゾーさんが出番の直前に、

「このドレスは中世の貴族のイメージで……」
と説明してくれた。するとパッと何も見えなくなって、瞬時に中世の女性にトランスして歩き始めたそうです。

それが本物の表現者であるモデルのポテンシャルなんですね。

とはいえモデルという仕事も、昔とはずいぶん変わってきました。

昔、モデルはお人形さんだったんです。私生活さえも感じさせない、冷たい氷のような美しさを持っていました。

＊**我妻《あづま》マリ**さん、杉本《すぎもと》エマさん、小泉《こいずみ》一十三《ひとみ》さん、丘《おか》ひろみさん……。

身長は170センチ前後、当時の日本ではかなりの高身長です。しかもハーフの人が多かったですね。父親を知らないという人も中にはいました。幼いころは混血児と言われて差別も受けていた。

それなのにいざモデルとなったらお姫さまのように扱われて、そのギャップに対して何か悟っているような、何かを諦めているような表情が神秘性という魅力になってその美しさをパワーアップさせていたように思います。

僕の勝手なイメージですけど、退廃的な香りもしました。なにしろ不摂生なんです。

それがまたかっこいい。

あの時代はヘルシーという概念が乏しかったから、ダイエットの情報も知識もいまほどなかったし、痩せるためには食べない。トップモデルの我妻マリさんに聞いたのですが、彼女は一度、***表参道《おもてさんどう》のパン屋さん**の前で倒れたことがあったとか。

ツバ広の帽子をかぶり、全身イヴ・サン＝ローランのオートクチュールでファッショナブルにきめて歩いていたら、パン屋さんに並ぶ美味しそうなパンから目が離せなくなった。

食べたい。でも痩せていなきゃ。

食べられない。でも食べたい。

そこで倒れた、と。

当時、有名百貨店ではしょっちゅうファッションショーが開かれていたけれど、その楽屋では必ず誰かが倒れていたそうです。その前の晩にディスコで踊りまくって、フラフラになって来るモデルもいた。そういう時代です。今なら通用しないけど、不謹慎ですけど、だからこそロックンロールな美しさがあったのかもしれない。

点滴をうちながらトップモードを着て、つけまつげにダブルアイラインで、一般の人とは別の生き物として夢を生きていた。

ときに彼女たちは不幸を背負い、不摂生な生活を送り、氷のような美貌で華麗に高度成長期の夢を彩ったのです。

今のモデルは違いますね。

ボーイフレンドがいてもいいし、結婚してもいいし、子どもがいてもいい。S

NSなどでライフスタイルをプレゼンテーションする人もいるし、成熟してもモデルとして活動を続けることができる。一般の女性が社会に進出して、自分で自分の人生を選び取れるようになったことが、反映しているのかもしれません。

そんな女性の生き方をも提唱したモデルのはしりが、パリ・コレのトップモデルの*秀香《ひでか》さんという方。子どもを産み、カムバックし、30歳という年齢を超えて再び活躍。当時としてはまさに道を切り拓いたと言えます。秀香さんは別格でした。

しかし、あまりにも私生活を露呈しすぎてしまうと、モデルという存在からは夢とか特別感は当然のことながら失われてきます。美しさまで一般化したとしても、それは無理からぬことでしょう。

58頁　**高田賢三**　ファッションデザイナー。パリ・コレクションに参加し、大胆な強い色同士のコンビネーションやさまざまなモチーフの掛け合わせを得意とする。
「フランス人はＫＥＮＺＯブランドを自国のものと思っています。彼の才能を大いに尊敬しています」

59頁　**我妻マリ**　モデル。雑誌、コマーシャルなど文字通り時代を席巻したモデル。１９６８年資生堂のモデルに抜擢された。現在も幅広く活躍し、多くの後進モデルや女性に憧れを抱かせるアイコニックな存在。山口小夜子とは「東西の横綱」と呼ばれ、雲の上の存在のようであった。サン＝ローランやジバンシィのオートクチュールモデルも務めた。

＊追記
「70歳を過ぎてなお大活躍なさっているモデルの我妻マリさんとは、その後も、何度も撮影をご一緒している。マリさん曰く、パン屋さんの前で倒れたというのは、その当時の業界内での噂で、本当に倒れたのは、オートクチュールの仮縫いをしている時だそうだ。今のようにエアコンもない中、モデルは微動だにせず、１時間以上も同じポーズで立っていなければいけない。また時々、誤ってその仮縫いのピンがウエストや脚に刺さったりする。痩せた身体をキープするために食事も充分にとっていなかった。そして、そのままバタンと気絶して倒れてしまったとのこと。山口小夜子さんも

同じようなことを言っていた記憶があります。
ファッションが華麗に花開いた昔の時代、その裏側にあるプロフェッショナル達の努力と探究心によって、今の僕達の纏う着心地の良い衣服が成り立っているのだと思うと、本当に感服させられる」

60頁　**表参道のパン屋さん**　表参道交差点のアンデルセン。日本にはじめてデニッシュ・パンを紹介したことでも有名な、街のシンボルマーク。ポルシェやメルセデス・ベンツを横付けしてパンを買いにくるスーパーリッチ客、アーティスト客などで話題をさらった。２０１７年7月閉店。

62頁　**秀香**　モデル。20代前半で結婚を機にモデルを一時期休業、出産後、当時としては異例の30歳でカムバックを果たした。

六　女は全員、比較されている。ならばどう逆手にとるか

小夜子さん以前にも、もちろん海外で認められた日本人美女はたくさんいます。中でも僕が好きなのはピエール・カルダンのミューズとして活躍した***松本弘子**《まつもとひろこ》さん。

当時カルダンは、いままであるモードに反抗して実験的な作品を発表し、中でも***コスモコール**という宇宙時代的なファッションを展開して注目されたんですけど、そのイメージの源泉は松本弘子という日本人モデルだったんです。「東洋人に未来を見た」と言って。

19世紀に***オスマン男爵**が美しく作り上げたパリという街並み。しかし、旧態依然として息の詰まるその街から逃れるべく新たなグラフィズムと新素材を駆使し、

それを実現するにはどうしても彼女が必要だった。

当時新進気鋭の映画監督として次々に話題作を発表していたフランソワ・トリュフォーも、この松本弘子さんの魅力の虜《とりこ》になりました。

1970年に公開された『家庭』という映画で彼女を女優として起用しています。主人公の男性の浮気相手という配役で、当初はその男にふられちゃうという展開だったんですね。でも松本弘子さんが、

「ふられる役なら出ない。私がふるんだったら、出てもいいわ」

と言って脚本を変えさせたそうです。

どうしてか、わかります？　彼女は別に、ふられる役がイヤだったわけじゃない。でも当時の西洋で日本女性のイメージといえば、ゲイシャや蝶々夫人。日本女性は待ちわび、虐げられているイメージ一色だったわけです。だからそれを上塗りするような役に、ガマンできなかったんでしょうね。

このエピソードが伝えるのは、見た目・意志力・クレバーさなどの個性は、女性をさらに魅力的に見せる、ということです。あのココ・シャネルでさえもマヌカンとして彼女をカルダンから引き抜こうとしたといいます。

松本弘子さんとほぼ同時期にパリで生活していたのが、国際派女優の岸惠子《きしけいこ》さん。日本で大人気女優として活躍していたんですが、フランス人監督のイヴ・シァンピに見そめられて結婚し、50年代にパリに渡ったんです。

彼女は、おっとりとした美女の雰囲気ですけど、中身はパンク、革命家。ジャーナリスティックな仕事もたくさんなさっているし、ポリティカルな発言も辞さない。今も小説を書いていらっしゃいますし、気骨のある素晴らしい女性ですね。

結婚相手のイヴ・シァンピさんは映画監督だけでなく医師でもあり、政治活動もする方で、しかもすごく有名な名家の出身。だからその影響だろうと言われてしまうけど、シァンピさんと知り合う前から、彼女は闘う女でした。

当時の日本ではまだ映画俳優の権利が確立していなくて、映画会社に所属する形で活動していました。だから映画会社が結託して作った**五社協定**[*]というものに活動を縛られていた。俳優が自分で出演したいと思う作品に、出られなかったのです。

そんな中で岸さんは俳優仲間と一緒に「にんじんくらぶ」というプロダクションを作り、旧体制に風穴を開けようとした。主張する女なんです。


女優としても素晴らしくて、パリで暮らし始めるとハリウッドやフランス映画界からもオファーがたくさんあったようですけど、シャンピさんが極力出演しないでくれと言ったみたいですね。でも彼女は、***ジャン・コクトー**の最後のお芝居に出ています。コクトーがシノワズリーで『*****影絵――濡れ衣の妻**』という作品を作り、その主演をコクトー自ら岸さんに願い出たのです。パリで彼女が演じたのを三島由紀夫先生が観て、涙したそうです。

「日本女性がフランスの芸術家に認められた」と。


こうしてみると、小夜子さんも松本弘子さんも岸惠子さんも、日本人でおかっぱヘアです。

でもこの3人を似ているなんて、誰も思わない。それぞれの個性があまりに強烈で、洗練されているから、誰も比較しようと思わない。

やっぱり美しさって、その人だけのもの。

唯一無二のものを持っているか否かで、決まるような気がします。

それで思い出すのも変なのですが、僕が日本で某女性アイドルグループの撮影をしたときのこと。

全員10代から20代前半ですから、撮影現場に入ったときには若い女性のオーラでムンムンしてました。そして彼女たちの競争意識というのが、ものすごい。

あの子より先に着替えるのはシャクだとか、あの子とヘアスタイルがかぶってるからイヤだとか、立ち位置がここじゃイヤだとか。まわりはみんなライバルで、這い上がるためにはそういう意識が必要なのでしょうけれど、見ていて可哀想にもなりました。

でもね、それは彼女たちだけの現象ではありません。

女は全員、比較されている。

この社会の中で、女というだけで、見た目でジャッジされる。小学校に上がる前から、それは始まっています。だから当然、女性同士の競争意識があおられる。

これは抗《あらが》いようのない事実です。

これは僕の持論なんですが、原始時代、男性は狩りに行ってマンモスを仕留めてきたわけですよね？　男のほうが腕力があるから。しかも女性は妊娠期間があって、産み育てなければならない。となると養ってもらう必要があったんです。だから女性は常に外見だけでなく健康面も含めて、見られ、仕分けされ、ジャッジされることになったのではないかと。

その女性グループ内の競争意識について、僕は否定するつもりはありません。競り合うことによって磨かれ、鍛えられ、生まれる華もあるでしょう。決して悪いことばかりじゃないと思います。でも、社会はもっと広いし、世界はそれよりもっと広い。そんなドングリの背比べより、もっと違うブラッシュアップの方法があるということも、忘れないでほしい。

結局勝ち残るのは、他人とは比較されない何かを見つけた人なんです。

65頁　**松本弘子**（1935～2003）　1950年代後半から活躍したモデル。来日したピエール・カルダンの目にとまったことがパリへ渡る契機になる。パリでの注目度は、本文で著者が語った通り。日本人モデルとしてはじめて米雑誌『ハーパーズ バザー』の表紙を飾った。

65頁　**コスモコール**　宇宙服。1965年ごろからの宇宙開発時代を反映し、ファッションにもそのムードが高まる。ピエール・カルダンはその筆頭。

65頁　**オスマン男爵**　ジョルジュ・オスマン（1809～1891）　19世紀フランスの政治家。パリの都市整備を推進した。

66頁　**フランソワ・トリュフォー**（1932～1984）　フランスの映画監督。ヌーヴェル・ヴァーグ（新しい波）というフランス映画の一大ムーブメントを担ったひとり。『大人は判ってくれない』（1959）が代表作。

66頁　**『家庭』**　トリュフォー監督、1970年公開のフランス映画。この映画の中で松本弘子はフランス人のボーイフレンドと食事に行く行かないのシーンを、日本語とフランス語を駆使して演ずる。
「そこで彼女がはいていたミニスカートからスラリと伸びた脚が忘れられません」

67頁　**五社協定**　松竹、東宝、大映、新東宝、東映の五社による「互いの会社のスターを引き抜かない・企画を争奪しない・技術者を取らない」などの取り決め。大手映画会社の既得権確立を目指したもので、俳優たちの活躍の場を限定したとの悪評も。

68頁　**ジャン・コクトー**（1889～1963）　フランスの詩人、芸術家。作品に映画『美女と野獣』（1946）など。

68頁　**『影絵——濡れ衣の妻』**　コクトーが23歳のときに書いた初戯曲で、これを演じられる女優がいないと晩年までその上演を禁じていた幻の作品。岸惠子の抜擢は、「動く姿が美しく、陰があるから」。

七　まわりが思うほど美女は幸せではない

後藤久美子《ごとうくみこ》さんと宮沢《みやざわ》りえさん。

このふたりの美女と一緒に仕事ができたことは、僕にとって大きな誇りであり、幸せです。ふたりと出会い、撮影し、たくさんのことを語り合い、友情関係を結べたことで、僕の美女観は大きく成長しました。

ふたりとも絶世の美女です。80年代半ばに相次いで彗星のごとくCMデビューしました。

そのイメージからりえさんを太陽の光、久美子さんを月の光と評する人もいたけれど、ふたりの美しさの背景にあるものは、そんなに簡単なものではありません。

美女がどれだけのものを抱えているのか、お話ししたいと思います。

後藤久美子さんは10歳でCMデビュー。国民的美少女という言葉は彼女から始まりました。

僕は彼女が12歳のころ、『独眼竜政宗』というNHK大河ドラマにお姫様役で登場したその衝撃的な瞬間を、いまでも覚えています。衝撃的というよりは、あまりにも美しすぎて凍りついた、という表現のほうが正しい。まさに、国民的と称されましたが、日本中が「なんじゃこりゃ？」と驚いたほど、12歳の少女はすでに完成された美貌を、持っていました。

また、その完璧な美貌と強い意志を持つ少女が発する真っ当な意見は、当時「生意気」な発言だとマスコミを賑わしました。そう言われながらも、巨匠と呼ばれる映画監督や鬼才と言われるテレビドラマの作家の作品に請われ、出演し続けました。

僕は、選ばれたスターとはこういう人なのだ、と思った。

可愛いアイドル全盛のころ、彼女の存在はまさに異形だった。

こんな美しい人と会ってみたい！

僕は単純にそう願いました。

僕が写真家になり、ちょうど27歳のころ、後藤久美子さんと知遇を得て、念願の撮影をご一緒でき、それ以来旦那さまのＦ１レーサー、ジャン・アレジ氏と共にフランス滞在やパリでの生活に関して、また仕事の上でも本当にお世話になった恩人です。そして最も多く撮影をご一緒させていただいているセレブリティのおひとりです。

ただ僕にはひとつ、後藤久美子さんを見ていて大きな疑問がありました。

10代で芸能界で輝かしい実績を残し、最愛のパートナーを見つけ、「未練はないわ！」とばかりに芸能界を21歳で去ってしまい、南フランスに移住。僕には想像もつかないほどの資産を有し、また３人の子宝に恵まれ、年齢を重ねてなお美しい……。

こんなシンデレラストーリーはフェアではない！　と。

僕は久美子さんと一緒に過ごす時間の中で、できるだけ失礼にならぬよう踏み込んで、たくさん質問をしてみました。その謎を解きたかったのです。

「シモ（下村）ちゃん、これでやっと私の人生つじつまが合ったの！　だって、私にはいわゆる青春なんてなかったんだもの！」

僕は「少女の発する真っ当な意見」と述べましたが、幼少期の久美子さんにとっては芸能界はとってもいびつな世界に映ったのでしょう。

お金や、そのときの人気度などで年上の大人たちが子どもである自分に深々と頭を下げる世界。80年代当時は、子役モデルや俳優に、自主性を尊重してくれる風潮などなかったのかもしれない。主張すれば孤立しかねず、自己が確立される前に外側からイメージを定義づけられ、消費されていく。

久美子さんは自ら望んで芸能人として生きていきたいと願ったのではなく、その完璧な美貌により「発見」された人です。

真っ当で正直で、特別扱いされることを嫌い、普通の感覚を持った早熟な個性に、それはとてもつらいものだったのかもしれない。

先に人生のツケを払うことも、ある。

「私は子どもを産んで母親になったから、私が思うような女になれたのよ、なりたかったの！　私の夢は母親になること。いましっかりと子どもの反抗期を堪能してるわよ！」

そうおっしゃっていました。

一方、宮沢りえさんは11歳でモデルデビューをして、その曇りない明るさ、美貌、スタイルの良さで一躍スターになりました。

彼女のオーラに日本人全員が「眩《まぶ》しい」と魅了されました。何をしても注目され、また、その人々の羨望のまなざしを一身に浴びながらクルクルとターンを描いて、満面の笑みでダンスを踊るように輝いている。りえさんとはそういう存在でした。

その真骨頂と言えるのが、あの『Santa Fe』という写真集です。

芸能というもの以外に彼女に何ができるのか？　まさに芸能人になるべくしてなった女性です。お母さまとふたりきりの家庭で、ステージママと言われたお母さまは悪者に徹してでもりえさんを守り、りえさんはずーっとお母さまを支えてきた。二人三脚で頑張っていらっしゃった。

20代に入ったころ、りえさんは婚約の破談もあり、たいへんつらい時期があったように思います。スキャンダルから逃げるように、りえさんは身を引き裂かれるような状態でロスアンジェルスに移住しました。僕が出会う前、りえさんは日本とアメリカとを行き来していらっしゃいました。

僕がパリに住んでいる28歳のころ、フランス駐在の『アジア版ヴォーグ』の編集者から「誰か撮影してみたい東洋人の女性はいないか？」と聞かれ、真っ先に「宮沢りえさんです！」と答えました。りえさんも『アジア版ヴォーグ』の編集者も快諾、僕はすぐに日本へ飛びました。

ちょうどそのころ、日本の多くの雑誌は宮沢りえさんの起用にややネガティブな姿勢を持っていたのです。それは、晩年の山口小夜子さんの起用に対する反応と似通ったもの。

いわく、

「フレッシュじゃない」

「幸せなオーラが誌面から出てこない」

などと実現が難しかったのです。

でも、仕上がった写真は素晴らしく、また、りえさんからも撮影中に多くのことを学ばせてもらいました。

「下村さんは様式美が好きなのね！　でも、形にはならなくて、行間にあるナチュラルな表現も素敵なのよ」

そのひとこと！

ほかにもりえさんの発言からたくさん教えられました。

僕なりにその「豊かな含蓄」の根源を誤解を恐れずに言うならば、りえさんの20代前半から20代後半までの人生は暗いトンネルの中にいるようだったと言ってもいいと思うんです。

ほかの同年代の女性たちがキャピキャピと屈託なく楽しんだり、自分自身のキャリアと美貌を磨きながら社会に順応していったりすることに余念のないその期間、りえさんは大きな枷《かせ》をはめられ、名声も賛辞も遠のいていく、とても寂しい時間を過ごしたのではないか、と……。


いまはすべてを糧《かて》とし、日本を代表する女優となって大輪の華を咲かせている。

このことに疑いを持つ人はいないと僕は確信します。

後藤久美子さんも宮沢りえさんも、同じ世代の子どもに囲まれて普通に子どもなりに楽しむ経験から遠くにいました。

また、芸能界という移ろいやすい世界で莫大なお金をかけて自分自身が外側から勝手なイメージに塗り上げられた。

「いいじゃない、あなたはきれいなんだから」のひとことでなにもかも済まされてしまうジレンマ。

あれほどのスターになってしまったら、同世代で共感してくれる人間は、真にはいなかったのではないか、と思うのです。

そして彼女たちは、どれほどつらくてもそれらに言い訳をしてこなかった！

彼女たちが若さと外見だけで判断されている限り、「絶世の美貌」とは「実感のない才能」という空虚なものだったと言えるかもしれません。

八　残念な美女たち

せっかく美女に生まれてきたのに、なぜか残念な女性もいます。もったいないですね。

おおざっぱな言い方ですが、もともとが美女なので、環境が甘やかしてしまうのでしょう。

何もしなくても世の中の人はみんな優しくしてくれるし、男の人はむこうから勝手に好きになってくれる。何かをハードにつかみ取ろうとする意識が育たないんですね。若い間に生きていく術《すべ》を学ぶチャンスが少ない。

おっとりと生きて、適当なところに嫁に行ってしまえば、それはそれで幸せな人生かもしれません。それがイヤなら何か志を持って、美しさだけでは乗り切れない試練を求めて立ち上がらないと、〈ただの美女〉から〈昔美人だった人〉になり、そのまま一生を終わることになります。

その点、さほど美しくない場合は、ラッキーなのかもしれません。

人と人の間に立ったときの軋轢《あつれき》を知っているし、失恋のつらさもわかる。踏んづけられたらどうするか、レッスンする機会にも恵まれます。

だから第一章でご紹介した〈美女のグラデーション〉（16〜17ページ）でいうと、人として成長するには〈中の上〉が一番いいですね。

さほどの美女ではないからコンプレックスもあり、制約があるからそれを打破するための工夫もする。ストレートに人の優しさを感じる心が育ちやすいのです。

読者のみなさんは自分を分析して、〈中の上〉と判断する人が一番多いのではないかと僕は思っています。

もちろん絶世の美女も、そこそこの美女も中にはいるでしょうけれど、大半の人は謙虚に自己採点して、自分は〈中の上〉だと思っている。

でもね、〈中の上〉は努力次第で〈いわゆる美女〉になれるし、ちょっと気を抜くと〈中の下〉に流れていく。実に微妙な立ち位置です。

そして実は、一番男性にもてるのは、〈中の上〉にいる女性。コンプレックスがあって、それを補うために頑張ることを知っているということは、人としてとても魅力的なんです。

美女は美女というだけでは幸せになれないし、美女じゃない人はそれゆえ幸せになれることもある。いったいどっちが幸せなんでしょうね？

九　ファッションはお金で買える人格

僕は自分で自分のことを、単なるファッション写真家だとは思っていません。「美人画」と称したポートレートを撮る写真家です。

僕は被写体となる女性の、生き方を写しているつもりです。そしてその生き方は、その女性が身につけているファッションにも反映している。何を着るかは、その女性が何を大事にし、何を選び、何を目指しているかを如実に表すからです。ファッションは大事です。

でもその大事なファッションが、このところ面白くありません。

パリ・コレも80年代中盤あたりから新しいものを生み出さなくなってきました。

シルエットは多少変化しているものの、〈今の気分はコレ！〉と強く主張するものが生まれてこないのです。

マドンナが世の中をあっと言わせた**ゴルティエ**＊**の下着ルック**、あの下品にして斬新な発想を最後に、過去の流行という遺産を食いつぶしながら、ループしているだけ。

90年代にスーパーモデルブームがありましたが、あれはファッションデザイン自体の力が脆弱《ぜいじゃく》になったのでモデルに焦点を合わせたものです。**ナオミ**＊が着ている、**リンダ**＊が**シンディ**＊が着ている、と。

服そのものはかつてのアイデアをリバイバルさせているだけなんです。

その後はデザイナーに焦点を合わせて、**ガリアーノ**＊とか**トム・フォード**＊とか、いろいろ出てきましたけど、このときもファッションはD.J.のようにリミックスを繰り返すばかりで大きくは動きませんでした。

さらにその後は、ファッション写真家たちがシチュエイションを作り、特異な場所に特異な被写体と服を置いてモードの潮流を作りました。でもファッション自体の活力を復活させることは、いまだにできていないのです。

現在、同様のことが他のジャンルでも起こっています。

写真にしても絵画もメイクも工芸も文学も建築もなにもかも、新たなクリエイションというものがなかなか誕生しない。その背景に、たとえばネットの隆盛があるような気がします。

すべてのアイテムのクリエイションについて、専門職の人より一般の方たちの存在感が、急激に大きくなりました。

今、スマートフォンのカメラ機能は本当に素晴らしくて、素人のみなさんが撮るインスタグラムの写真はかなりの水準です。

テレビで流れているドラマの筋書きも、視聴者の反応次第でどんどん変わっていきます。

ファッションも実用性や機能性、そして誰にでも似合う服、一般の人が日常に着られるかどうかが、評価の決め手になってしまいました。

ＳＮＳから発信される情報量は驚異的な量ですし、それによってビジネスのあり方もどんどん変わってきている。これからはそれを前提とした美意識が生まれ、発展していくのだと思います。

でもそれと同時に、それぞれの分野のカルチャーがどんどんライトなものになっていくのがちょっと気がかりです。

バブルの時代、人々はみんな、自分に似合う、似合わないよりも先に、これが流行だ！　というものに飛びつきました。

みんながヴィトンのバッグを持ちましたよね？

でも今は社会が成熟して、豊かじゃない人がカップ麺をすすりながら持つバッグじゃないことを、ようやく理解するようになった。

自分の身の丈に合うファッション、時には少しだけ背伸びする、そんなファッションが根付いて、チープ＆シックが上手になった。

その結果、今現在のファッションの軸となっているのは、〈コンフォート*（心地よさ）〉です。

万人が良しとするものは、保守的でシンプルで楽なものに落ち着きます。でも僕には、たったひとりの天才が作った奇異なもののほうが、刺激的で驚異的で面白い。

実は心ひそかに、そういうものの誕生を待っているところです。

さて、話は美女が着るべきファッションに戻ります。

もちろん、コンフォートだろうとコスプレ的なモードの服であろうとトラッドだろうと、着たいものを着ればいい。

だけど今あなたが着ている服が、あなた自身の人格を代弁していることだけは、忘れないで欲しい。いえ、利用して欲しいと思います。

性格や気持ち、頭の良し悪しは、外見からはすぐにはわかりません。人はその人の外見から、それを推測するしかないのです。あなたの着る服の色やデザイン、質感、コーディネイト、小物やアクセサリー、すべてがあなたの一部として認識されます。

ということは逆に、あなた自身の印象をコントロールするのはきわめて簡単。ファッションセンスといくばくかのお金さえあれば、少なくとも外見だけは、イメージ通りの自分になれます。

そう考えるとファッションというのは、お金で買える人格、なのかもしれません。

87頁　**ゴルティエの下着ルック**　デザイナー、ジャン＝ポール・ゴルティエによる衝撃のクリエイション。バスト部分を尖らせた黒いコルセットを1980年代に発表。アンドロギュノス的衣装をまとったマドンナのパワーは最高潮に達した。

「斬新なデザインは20世紀初頭の女性デザイナー、スキャパレリの影響を大きく受けています」

87頁　**ナオミ、リンダ、シンディ**　1990年代のスーパーモデルブームを牽引した3大モデル。

ナオミ・キャンベルは、ランウェイでの一歩が10万円と言われたアフリカ系イギリス人モデルで、ロバート・デ・ニーロの恋人でもあった。

リンダ・エヴァンジェリスタは金髪から赤毛まで変幻自在のセルフ・プロデュース力で一世を風靡。

「一日120万円以下の仕事で朝起きるのはとてもつらいわ、との挑発的発言で物議を醸しました」

シンディ・クロフォードは西海岸的セクシーさが特徴のモデル。後にワークアウトビデオに活路を見出す。リチャード・ギアと一時期結婚。

「スーパーモデル時代、化粧品会社のレブロンとの莫大な契約料は50億円と言われています」

87頁　**ガリアーノ**　ジョン・ガリアーノはイギリス出身のファッションデザイナー。その華麗で物語性豊かなクリエイションは天才的かつ耽美的。ジバンシィを経て、長年クリスチャン・ディオールのデザイナーを務め、いわゆるディオール帝国を築く。

87頁　**トム・フォード**　デザイナー、アートディレクター。1990年代、徹底してスタイリッシュ、グラマラス、強くてしなやかな女性像をクリエイトし、低迷していたグッチをよみがえらせた。近年では映画監督もこなし、そのクールな世界観の健在ぶりを示す。
「彼はアメリカの誉れであるホルストンという偉大なデザイナーの再来です」

90頁　**コンフォート**　2014年ごろから業界を席巻する「心地よい感覚のファッション」の総称。ぺたんこ靴、ウエストがラクなボトムス、身体のラインをさりげなくカバーする洋服全般。
「コンフォートファッションは、『真にファッショナブルな人が垣間見せる普段着』なのであって、本来ブームになるようなものではない」

十　美女になりたかったら、練習すること

僕がかつて聞いた格言で、心に強く残っているものがあります。

「今のあなたは、あなたがなりたかった自分です」

厳しくて責任をともなう言葉ですけど、僕が大好きな言葉です。

聞いたときは「本当？」と思いましたけど、確かにそうだな、と。すごく抽象的な言葉でいて、核心を突いています。

確か**オスカー・ワイルド**[*]の言葉だったような記憶があり、実は出典を調べ尽くしたのですが見つけ出せませんでした。

ただ、それほど強く心に突き刺さる言葉でした。

お金持ちになりたくてお金に執着する人は、お金を儲けようとする。もちろん時間はかかるし勉強も必要。魔法じゃないからすぐに大金が転がり込むはずはない。でも本気でそう思っていれば、いつか実現します。あと必要なのは、努力と向上心だけです。

だから、美女になりたかったら、なればいいんです。

どんな美女になりたいですか？　マニッシュな女、セクシーな女、コケティッシュな女、清楚《せいそ》な女性。どんな女性でもいいから、まず雛形《ひながた》となる女性を見つけること。

そして真似をしてみてください、鏡の前で。

そういうことをしゃらくさいと思いがちだけれど、本気でそう思うのなら、やるしかありません。鍛錬が優美を生むのです。

笑顔でもいい、仕草でもいい、ちょっとした表情やポーズの取り方でも。そうやって身につけていけば、いつかそういう女性になれる。僕が保証します。

美女になるいち手段としてセンスのある心ある美容外科医が見つかったのなら

ば、美容整形するのもいいと思います。

撮影のとき、僕は被写体となる女優さんやモデルさんにさまざまなポーズを提案します。女性が美しく見えるポーズは、知り尽くしていると言ってもいい。

特にポイントは腰と指先です。

体の重心をずらしたとき、腰の描く曲線はどう見えるのか。さらに指先のニュアンスをプラスすることで、その女性のチャームポイントは大きく変わります。

世界に称賛される、最高峰のプリマバレリーナである草刈民代《くさかりたみよ》さん。彼女の動きは「バレエという舞台芸術の場」に限らず、日常生活にも、そして女優としてのキャリアの場にも表れます。

草刈さんの、空を切っていたかと思うとここぞの瞬間に止まる指先、湖面をも軽く駆けるようなつま先、遠くの音を聴くかのごとくかしげる首、決然とした顎のあげ方。

鍛錬を経た身体は、その動きで女性の美しさを端的に語ります。先にも書きましたが、美しくなるのは練習があってこそ。

手の表情ひとつで、悪女が淑女にも変わります。

前章で、ファッションはお金で買える人格だと言いましたけど、ポーズはお金をかけずに手に入れることのできる立ち姿＝見てくれです。

それを繰り返すうちに、表情だって変わってきます。笑顔の練習を重ねていけば、笑顔のきれいな人になる。

ほんとです！

女優やモデルがデビューしてからどんどんきれいになっていくのと同じように、人の目を意識して自分を律することを覚えた女性は、どんどん垢抜けていきます。美しくなりたいと願うことは、美しくなることの第一歩なのです。

94頁　**オスカー・ワイルド**（1854〜1900）作家、好事家。アイルランドのダブリンに生まれる。代表作に『サロメ』『ウィンダミア卿夫人の扇』。示唆に富む台詞、ウィットの効いた言い回しがあふれる。

「人の噂にのぼるよりもひどいことがたったひとつある。噂にされないということだ」

「ぼくは主義よりも人物が好きだし、なによりも主義のない人物が大好きだ」（ともに『ドリアン・グレイの肖像』より）

十一　アヒル口、上目遣い、食べるときの頭振り。小細工は小ざかしい

女が嫌う女、いますよね。

男の前に行くと途端に態度が変わる、男受けする仕草&表情がオンパレードになる女性たちのことです。

手口にも流行があるようで、昔からの定番が〈上目遣い〉。ちょっと前まで流行っていたのが〈アヒル口〉。最近は食事のときに、「お・い・し・ひ～」と言いながら頭をぷるぷる振る、〈頭振り〉というテクニックもあるとか……。

僕はそういうやり方、頭から否定するつもりはありません。

何の作為もなく、そういうことができてしまう人もいるでしょうし。ナチュラ

ルボーンぶりっこ、素晴らしい。

あるいは何らかの利益を得るためにその手を使う計算高さも、嫌いじゃありません。テクニカルなぶりっこ、ブラボー。

だけど、のべつまくなしにそれをやられると、イラッとしてしまう。多くの女性がそういう女性を嫌う原因は、そのふてぶてしさと無神経さにあると思います。女性たちだけじゃなく、ほとんどのゲイも嫌いですけどね、そういう女。

上目遣いやアヒル口、頭を振る行為はどれも、幼稚アピールであり、相手の庇護精神を刺激する、守ってちゃん攻撃です。

「しょうがないな」

「こいつ、可愛いとこあるじゃん」

「おれが守ってやらなきゃ」

と、相手の男性が思ってくれることを期待してやっている。

そういう守ってちゃん攻撃が効く男性というのも確かに存在して、知り合いのストレートの男性に確認したところ、

「そ、そういうの信じてもいいんじゃないですか？」

って言ってました。

彼らはそういう行動や仕草を見て、安心するのだと思います。

たぶん男のDNAには、そういう類のアピールに反応してしまう要素が含まれているのでしょうね。世界中の男ではなく、日本という島国に棲む男たちのDNAには特に。

女性の処世術、手練手管《てれんてくだ》の進化を考えるとき、まずはその対象の男性を考える必要がありそうです。

男のあり方は、西洋と日本では徹底的に違う。それはチェスと将棋のルールの違いに表れています。

日本は島国ですから、戦国時代はあったものの、地続きの隣国から徹底的に叩きのめされるということはなかった。たとえ攻め込まれてトップが討たれても、

足軽レベルなら殺されることは滅多になくて、次の殿様に仕えることが許されました。皆殺しにしてしまうと人口が減ってしまうから、でしょうね。

だから将棋では、敵から取った駒はすぐに、味方の戦力として使えます。


これが西洋だと、常に領土争いで言葉の通じない相手に脅かされ、負ければ領民込みで皆殺しにされる。だからチェスは、相手から取った駒を使いません。捕虜はどこまでいっても敵なんです。だから生き延びるために、男たちはマスキュリニティを保持しなければならない。強い者こそ、美しいんです。


しかも日本のサムライ文化には衆道《しゅどう》＊というものがあって、男性同士の同性愛は公認でした。江戸時代、吉原《よしわら》の花魁《おいらん》というのは現代でいうスーパーモデルのような、流行の最先端を行く存在だったんですけど、その花魁が衆道の若衆みたいな髪型をして人気を博したことがあったというほどです。

そもそも女性が着物を着て美しい姿とされる「柳腰」とは、この衆道文化からきています。

ユニセックスな美学がこの時代、すでに誕生していたんです。

中性的な、男性になりきる前の少年・青年の美しさを最高の美と捉えていた。男性であっても未成熟でたおやかな、優しげな美を尊んだのです。ヨーロッパの男の理想形が成熟したマッチョであるのに対して、日本の男のそれは未成熟なやさ男である理由の、これが僕の持論です。

話を元に戻しましょう。

マチュア[*]とは言いがたい日本の男にとって、女性は欲しいけど怖い、怖いけど欲しい、なんともやっかいな存在です。だから女性が幼いフリをしてくれると、すっかり安心してうれしくなってしまう。この女なら自分でもコントロールできるのではないかと、幻想を抱けるからです。

ころっとやられます。

さっきも言いましたが、上目遣いやアヒル口や頭振りが技巧ではなく天然のものなら、僕はいいと思う。あるいは計算尽くで、それで相手の男を落とすことで満足できるのなら、それもアリです。

その程度で落とせるような男と結ばれて、その男に一生コントロールされ、あるいはされているフリをすることで満足できるのなら、ある意味ハッピーですよね。

でもそういう手練手管は、やはり浅はかなものでしかない。

そのエネルギーをもっと他に向けたら、そんなテクニックを必要としない一人前の女性になれるのに。

本当に自分というものを持っているマチュアな男性は、上目遣いとかアヒル口とか頭振りとか、そういうことをする女性を好きにはならないと僕は思います。

彼らが求めるのは、ちゃんと意見を持ち、それを相手に伝えることのできる女性。

相手が男性であっても誰であっても、豊饒《ほうじょう》な会話を楽しめる女性。対等な立場で時には議論することのできる女性をこそ、マチュアな男性は求めている。

あ、そうそう、大事なことを言い忘れていました。

上目遣いでもアヒル口でも頭振りでも、意識せずにそうしてしまう瞬間は、どんなにマチュアな女性にもあります。だってどんな女性にも、心の片隅に少女性というものがあるのですから。

本当にそうしたいとき、その少女を縛り付けないでください。

いつもはきりりっとした大人の女性が、好きな男性だけに見せる上目遣いは、はっきり言ってかなりセクシー。

ここぞというときには、あなたも思う存分、少女になってください。

女性として、女性的な表現のボキャブラリーをもっと増やしてください。憧れる女優やモデルの表情をコレクションすることは、あなたをより魅力的な女性へと成長させるはずです。

102頁　**衆道**　「若衆道」の略語。男色。
「衆道というひとつの師弟関係、それに付随する文化と学問は、空海《くうかい》によって仏教文化とともに中国から伝えられたものだそうです」と下村さん。

103頁　**マチュア**　mature（英）心身が成熟した、大人の、分別ある、ワインやチーズが熟成した、の意味。「マチュアな女性」などプラスの意味として女性誌においては使われている。近年急激に女性誌で浸透した考え方。

十二　美容整形？　したいならどうぞ！

僕は、美容整形をしたい人はすればいいと思う。プチ整形にも切った貼ったにも全然反対じゃありません。お金があるのなら、やりたいのなら、やればいいと思います。

だって人生一回しかないんです。否定はしません。

でも、それで本当に自分の好きな自分、自分がなりたい自分になれるかどうかは、わからない。僕自身、かなり懐疑的です。

美容整形ではないけれど、僕にもこんな経験があります。

20代中盤以降、僕はスポーツジムに通って徹底的に体を鍛えました。食事制限もしました。僕たちゲイの世界では、女性的なハートを持っている人が多いので、かえってヒゲや筋肉で男っぽい鎧を身につけるんです。

この「肉体を変容させる」というプロセスでひとつお話ししたいことがあります。

僕が世界一愛する文豪、三島由紀夫氏は、これ以上ない甘美と耽美の世界の中で自決しました。その死にはさまざまな憶測がありますが、政治的な主張があったにせよ、彼は「美」に死んだのです！　欧米のテーゼに左右されることなく「日本の美」を守るため、自衛隊の駐屯地に乗り込み切腹したのです。

彼は「文武両道」と、ご自身の肉体を鎧のごとく鍛え上げました。そこにゲイなりホモセクシャルな感性があったのかなかったのか、僕には計り知ることができません。ただ、多くの方の考察により僕がわかることは、彼の中にある女性性を塗り替えるように華美な筋肉を我が肉体にトッピングしていった、ということです。

かくいう僕はたくさんの方に、

「シモ（下村）ちゃんの身体がもっと絞られてきれいになったら、もっとモテるよ」

と誘惑のコトバをいただいたものだから、かなり熱心にワークアウトいたしました。

肉体を作り上げたんです。

毎日、ジム通いと食事制限。脂肪のないレバ刺しと鶏のササミ、トマトサラダ、肉の入っていないゴーヤチャンプルー、オックステールスープを飲むだけ。

でも、何も変わりませんでした！

神経質になり、性格まで筋肉質になったものだから、きっつーい感じのゲイになってしまい、かえってモテなくなったくらい。

絶世の美女と言われる女性たちの中にも、美容整形を繰り返した人はたくさんいます。

たとえば**マリリン・モンロー**[*]。

もともと野心と美貌が相まったポテンシャルのある人ですけれど、映画産業を繁栄させるために完璧な、ちょっとおつむの弱いブロンド美女というのを彼女に具現化・体現化させたわけですよね。彼女の意志ではなく、撮影スタジオの意向によって。

でも彼女の人生はそれとの葛藤でした。

当時の髪染めというのがひどい代物で、染めるたびにアレルギー反応がぶわーっと出ていたそうです。それを隠すために化粧するのが大変だったとか。顎をシャープにして、鼻を小さくして……。ちなみにマリリンが来日したとき、彼女の顎を手術したのは日本人の美容整形医師でした。

でも彼女は自分の人生を生きることができなかった。完璧に作り上げた自分と、折り合いを付けることができなかったのでしょう。

エイジング、つまり若く見せるための美容整形も、同じことです。

いったん始めてしまうと、ずーっと若い子たちと同じステージで戦わないといけなくなる。最近のマドンナを見ていると、もはや何歳なのかわかりません。彼女はエンターテイナーですからそれも仕事のうちかもしれませんが、シワのないおばあちゃんになることが果たして美しいのか、どうか。

ま、明らかにマドンナは〈美女のグラデーション〉の異形の部類に属します。僕は好きですけれど。

自分の容貌を見て、何かが足りないと思う。

それを補いたくて、人は美容整形に走ります。

だけど、何と比べて足りないと思うのか、補うべきものは他にあるのではないか、考えてみることも大切ですね。

衣服も顔も、自分自身が形づくれるデザインです。デザインは目に見えるもの。そこに必要な説得力は「センス」です。

センスある顔を、ぜひ着てください。

109頁　**マリリン・モンロー**（１９２６〜１９６２）　ハリウッド映画の黄金期を代表する美人女優のひとり。ジョン・Ｆ・ケネディ大統領の愛人だったという説も。『百万長者と結婚する方法』（１９５３）、『七年目の浮気』（１９５５）などで「金髪・美人・おつむ弱し・胸とヒップが大きい」典型的アメリカン・ローズのような役を演じるも、私生活では識字コンプレックスなどに悩まされる。公開された彼女の日記には、スペルを必死で練習するページが。

「シャネルの５番を身につけて寝る」という名台詞すら、彼女のオリジナルではないと憶測された。ベッドルームで死体で発見されたが、死因はいまだに謎。

十三　コンプレックス VS. チャームポイント

美女とひとくちに言っても、いろいろな方がいます。

美はワンパターンじゃない。肌や髪の色から目の大きさ、鼻の高さ、唇の厚さ、さまざまな要素がからみあって、その人の顔になっている。ボディだって太めから細め、手足の長さもいろいろ、でしょう?

それでもやはり美しい人というのは、トータルで美しい。いえ、バランスが取れているという意味ではありません。

多少アンバランスでもいびつでも、それはその人の個性なんです。そして個性があるほうが、美女に一歩近づくのではないかと僕は思います。

ＣＧがここまで進歩してしまうと、ヴァーチャルで理想的な美女なんていくらでも作り出せる。画像をとことんリタッチ*してしまえば、誰だって美女になれます。

でも黄金比に則した理想的なボディと完璧な美貌に仕上げても、その女性はなぜか、魅力的とは言えません。

以前、ミス・コリアの選考会に出場する女性たち30人ほどの顔写真が、ずらーっと並んでいるのを見たことがあります。壮観でした。きれいなんです、ひとりひとりは。だけどみんな、同じ顔をしている。

たぶん、かの国できれいとされる美女の顔めがけて、全員が努力したのでしょう。美しいとされるパーツを分けて顔面に全部載っける。美女の福わらい、またはピザのトッピング全部載せ、みたいな。

その努力というのが、化粧なのかマッサージなのか美容整形なのか、詳しいことはわかりません。

でも正直、「そんなにみんな同じ顔して、何がうれしいの!?」って思いました。それにどんなにきれいでも、同じ顔が他に29人並んでいたら、その美しさの価値は、相対的に下がってしまいますよね？


美女というのはつくづく、奥が深いものです。

美女には造作上の適度なズレやゆがみがマスト、必要なのです。もっとも僕のこの意見は、日本人ならではの美意識から生まれているのかもしれません。


西洋では、黄金比に基づく完璧な美を求めます。歴史を遡って数多く残っている美術品のどれを見ても左右対称、完璧なバランスで作り上げられたものばかり。

でも19世紀のヨーロッパに、それまでの美意識をひっくり返すような衝撃が走りました。ジャパン、鎖国を解いた日本から流入してきた陶器や浮世絵が素晴らしく、また新鮮だったからです。

浮世絵や屏風《びょうぶ》絵《え》や墨絵は、バランスを崩すギリギリ手前の中心をズラすことによって、大胆な構図で描かれていました。

茶道で使う茶碗は、いったん完全な円形に作ったものの一端を指でぎゅっと押しつぶし、わざといびつに焼き上げられました。

割れてしまった茶碗すらも金《きん》継《つ》ぎしてなおも国宝として愛でる。

欠けてしまったものも美しい。

平面裁断で作られた着物にはアシンメトリーな柄がほどこされ、平坦な日本人の身体をグラフィカルに飾りました。

なんて素晴らしい！

[*]**ジャポニスム**は一大センセーションとなりました。

完璧さばかりを求めてきたけれど、そうではない美が確実に存在する。

いびつであること、ゆがみを持つことは時に洗練であり達観であり、完璧であることよりも素晴らしいのです。

その衝撃は時を経た今も続いている、日本独自のものです。

日本の美は西洋のそれとは異なるものとして確立しています。だから特に文化にコンシャスであるフランスの人たちは、日本の文化を熱狂的に愛しているのです。


話を美女に戻します。では欠点と個性、どこが違うのでしょう?


目が小さい、鼻が低い、口が大きい……。

それを欠点と呼んでしまうとコンプレックスになり、修整するために化粧に時間をかけたり美容整形に走ったり、ということになります。

でも、これは私の個性、と受け入れてしまえば、不思議なことに誰もそんなこと気にしないし、逆転してチャームポイントになることも。

乱暴な言い方かもしれません。

でもあえて言わせてもらえば、本人がその特徴を受け入れていないときには欠点となり、受け入れてしまえば個性として説得力が出ます。結局大事なのは、自分のルックスを受け入れるか否か。外面と内面にどう折り合いをつけるか、なのだと思います。

顔立ちはきれいなのに自信がなくて、卑屈になったりオドオドしたりしている人は、美女にはなれません。

逆にそれほど整った顔立ちではなくても、存在感があって華やかな人は、美女と呼ばれます。

「華やかさ」は生まれ持ったもの、という考え方もありますが、僕はそうは思いません。

「華やかさ」とはパワーだと思うのです。

極端な言い方ですが、自意識と美意識と「ハッタリ」と元気があれば、どんな女性でも美女になれる。地球は自分を中心に回っている、と思うくらいでいいのです。

ひとつ注意してください。

「ハッタリ」と言っても「知らないことを知ったかぶりする」ような、見栄を意味するハッタリはダメです。そういうのは単なる「虚勢」。

僕の言う「ハッタリ」とは、自らを奮い立たせる、力を行き渡らせる、そういうニュアンスを持つものです。

「私には今日、パワーがみなぎって華があるの」

そう思って夕食に出かけてください。

それだけでいいんです。それが美の「ハッタリ」なんです。

太っていても痩せていてもいいんですよ、モデルじゃないんですから。

コンプレックスを含めた自分のありようをまずは受け入れることです。個性をつかみ取ることは美女に欠かせないのです。

114頁　**リタッチ**　21世紀の大いなる写真技術のひとつ。いまやリタッチ加工後の写真でないものはほぼない。あまつさえスマートフォンで撮影した写真すらも美しく変容させる。クマはなくなり、脚は細くなり、二の腕のたるみは解消され、首のシワは消される。「20世紀のハリウッド黄金期のポートレイトも全部エアブラシによるリタッチが加えられていました」

116頁　**ジャポニスム**　19世紀のパリ万国博覧会で注目された美意識・芸術手腕。画家、作家、音楽家などに多大な影響を与えた。たとえば画家のゴッホは広重《ひろしげ》の『名所江戸百景』の模写を描き、モネは『ラ・ジャポネーズ』という着物姿の西洋人女性を描き、ドビュッシーのピアノ曲『金色の魚』は蒔絵《まきえ》柄にインスパイアされた名曲。ファッションにもその熱は波及し、ポール・ポワレは着物にインスパイアされて簡易で動きやすく女性を活発に解放する服を発表。

十四　他人の目は彫刻刀。緊張感が女性を美しくする

岸惠子さん、お美しいです。

もう80代ですけど、エレガントでゴージャスで、しかもインテリジェンスがあふれている。背筋がぴっと伸びて、そこにいるだけでまわりの空気が華やぐ方です。

ご本人がおっしゃってますけど、岸さんの心意気がその美しさを作り出しているんですね。岸さんが同窓会で昔のクラスメイトに会ったりすると、当然のことながらみんな、おばあさん。「相変わらずきれいね、うらやましいわ」って言われます。するとこう答えるんですって。

「大変な人生だったから、年を取ってるヒマ、なかったのよ！」って。

そう、見かけよりもずっと気さくで気っ風のいい、男前の方なんです。

若くしてスター女優になって、結婚してフランスへ渡った。そのとき、フランス語なんて話せなかったんですよ！　結婚後はフランス語をマスターし、夫のシァンピさんを訪ねてくる映画監督や俳優、政治家、画家、文学者、文化人たちとの会話に加わり、切磋琢磨《せっさたくま》していった。ご自身もジャーナリストとして世界各地へ取材に出かけ、見聞を広げた。

日本に里帰りしたときには、女優としても活動した。どんどんどんどん成長していったわけです。その間に子どもを産み、育て、やがて離婚してパリでの生活を続けて……。

なんてドラマチックな人生！　気を抜くヒマなんて、なかったのでしょうね。

岸さんだけではありません。女を磨くのはさまざまな経験と、それにともなう緊張感です。

最初は野暮ったい印象の新人女優が、ドラマに出て映画に出て人目にさらされていくうちに、どんどん磨かれていく。その他大勢みたいな立ち位置だった女性タレントが、芸能界でサバイバルしていくうちに、はっとするほどきれいになる。何の取り柄もなさそうな新入女子社員が徐々に仕事を覚え、バリバリの主任になるころには、きりっとした美女になっている。

美女になるために、緊張感は不可欠なんです。

何かに打ち込んだり、人に見られたり、評価されたり、絶望したり、気負ったり、歯を食いしばったり、泣いたり笑ったり。

それを繰り返すうちに、顔が引き締まり、シャープな印象になっていく。目に力が宿って、目ヂカラがつく。口元が引き締まって、しかも表情が豊かになります。

他人の目は彫刻刀のように、あなたの魅力を浮き彫りにしてくれるのです。

とはいえ、そのために人生を演出する必要はありません。ごくふつうの人生の中にも、緊張感は存在します。緊張感は事件や波瀾万丈のドラマの中にあるのではなく、一見平凡とも思える生き方の中にあるのです。

たとえば、毎日のお化粧です。

まさか、通勤電車に揺られながら堂々とマスカラを塗っているようなズボラな女性はこの本の読者の中にいないと思いますが、毎日毎日同じ手順のメイクで過ごしている人は、多いはず。でも口紅ひとつにしても、その日着ている服によって、打ち合わせをする相手によって、出かける先によって、一番フィットする色があるはずです。

そういう心遣い、あるいは計算と言ってもいい。自分をどこでどう見せるのか、あれこれと考えるのもまた、緊張感のひとつです。

こうなりたい、という目標を設定するのも、自分に緊張感を与えてくれる良いきっかけ。身近な人でもいい、イメージだけの芸能人でもいい、映画で見つけた女性像でもいい、こうなりたいという具体例を持つと、日々のルーティンワークと化した化粧やおしゃれが新鮮な課題になるはずです。

だって化粧って、女性の特権なんですよ！ま、男の人がしてもいいんですけれど、基本的には女性ならではの身だしなみ。ぱっと赤い口紅を塗っただけでも、自分が華やかな気分になれるし、まわりにも華を与えることができる。女性は社会の華になれるんです。

男たちが時計だの車だのを使って武装するのにおおわらわなのを尻目に、女性は「ハッタリ」のハートを持ちながら口紅1本で軽やかに華やげるんです。

着るものだって、そう。言葉遣いも、身のこなしも表情も。

誰も見ていないからどうだっていいや、とスイッチを切ってしまう人と、誰も見ていないかもしれないけど、自分のために頑張ろうとスイッチを入れた人とでは、印象が全然違います。

1年後、3年後、10年後、50年後と、その差はどんどん広がっていきます。岸惠子さんと、その同級生たちのようにね。

もちろん、そこまでしたくない人は、ぐうたら生きるという選択肢もあります。

舞台裏は必要です。そこでは存分にぐずぐずして結構。

ただし人前に出るときはきちんと。

きれいな自分を映した周囲の目、リアクションをいつも心に刻んでください。自分が自信のある日に外出し、そのときのまわりの目に映った自分を思い出してください。その思い出を常に身近に感じてください。

苦労よりも楽することを選んでも、人は生きていけます。そこにたどり着くのも人生です。あなたはどちらを選びます?

十五　正しさより「方便」を使う女性は魅力的

今、何かわからないことがあると、すぐにスマートフォンを手に取りますよね。あるいはタブレット。検索すれば、求めている答えがすぐに手に入る。便利な世の中だと思います。

今と比べると、昔は回り道が必要でした。

わからないことにぶつかると、とりあえず書き留めて、図書館に行ったり本屋に行ったり、まずは体を動かしました。必要な本を探し出して、開いて読んで。それを調べていくプロセスには無駄なことも多かったけれど、たどり着いた知識はしっかりと刻み込まれたように思います。しかも、その無駄の中にも興味をそそられる、別の発見があったりして。最初に探していた項目のことをすっかり忘れて、新しい知識にわくわくする、その本を探したときに漂っていた街の香りが印象に刻まれる。

そんな寄り道、つまり「経験」と言ってもいいかもしれませんが、そういう楽しさがありました。

必要なものが瞬時に手に入るのは、もちろん素晴らしいと思います。僕もその恩恵を享受しています。最短距離で手に入る正解には、ぐうの音も出ません。だけど必要なものだけ、正解だけを手に入れるシステムは、どこか余裕がない。必要な栄養素だけサプリメントで摂っても、ちっとも美味しいとは思えないのと、どこか似ています。

正論というものにも、同じ印象があります。

今の世の中、こうなっているからこれが正しい。規則ではこうなっている。常識的に考えればこうなる。物事の理屈はこうだ……。

そうしたアメリカ的合理主義は、ヨーロッパに住んだことのある僕には味のないチューインガムのようです。

たとえば恋人同士でケンカになったとき、女性は得てして、正論で追い詰めて相手に逃げ場を与えません。

正論というのは世の常識や理屈という筋金が入っていますから、相手の男性は太刀打ちできない。

黙り込むかその場から立ち去るか降参するか。

いずれにせよ、あなたの勝ちです。おめでとう！

でもケンカには勝っても、ふたりの関係には見えないヒビが入っている。いずれ彼はあなたの前からいなくなってしまうでしょうね。

正論を振りかざす人は、その人の言葉で語っているのではなく、正論のパワーを借りているのです。

ただただ相手を威圧して、勝つために。優越感を手に入れるために。

一見、弁が立って賢いように見えますが、実はそんなの、インテリジェンスじゃない。小ざかしいだけです。

方便という言葉をご存じですか？

今や〈嘘も方便〉という言葉でしか使われないので、誤解されやすいワードですけど、実はこれが素敵な代物。何かを達成したいのに、諸般の事情でそれが難しいとき、便宜的に使う手段のことを言います。

ですから〈嘘も方便〉は、時と場合によっては嘘をつくのも仕方がない、という意味になります。

方便とは、「仕方ないから、今はこういうことにしておこうか」と思える心の余裕、とでも言いましょうか。

場を見てスルーする力、相手の顔を立ててあげられる器の大きさ、「どっちでもいいや」と身を引くセンス、結論を先送りにできる心の強さ、でもあります。

本当に力の強い相撲の力士が小学生を相手に、コロッと転がって負けてみせるのと、ちょっと似ています。

心の底から相手に屈服する必要はありません。その場だけ。相手の顔を立ててあげればいい。

それができる女の人は、強いです。時と場合によっては、どんなふうにも自分を変えられるくせに、いざという時にはきっちり自分を持っている。しなやかで、柔らかくて、したたかです。

正論を振りかざす女性より、方便を使える女性のほうが、美しいに決まっています。

十六　貪欲であるほど洗練されるというパラドクス

貪欲であることは、あまり美しくないこととされていますが、僕はすごく大事だと思っています。

知識欲があること、向上心があること、探究心があることは、美しくなるための必須条件だとすら思います。

現状に満足することなく、自分の環境を変えたい、自分をよりよいものにしたいという気持ちがなければ、美しくはなれません。アンテナを立てて、面白そうなこと、知らないこと、わからないことにチャレンジする。ある程度の努力は、絶対に必要です。

その原動力こそ、貪欲であること。

たとえば映画を観たり、本を読んだり、人に会ったり。
美術展に行く、旅に出る、習い事を始める。
毎日の通勤コースをときどき変えてみる、知らない街を散歩してみる。
本屋さんで、知らない作家の本を手に取ってみる。
口紅を変えてみる、着たことのない色の服を着てみる、髪を切ってみる。

どこかでハイジャンプすることが必要です。
ただ日常のレールの上を滑ってるだけではダメなんです。

とはいっても、頑張りすぎる必要はありません。
世の中には情報があふれているし、楽しそうなことだっていっぱいある。すべてにアンテナを立てていたら、ハリネズミのようになってしまいます。いちいち反応していたら、身が持ちません。

ですからその中でも自分に合いそうなものに数を絞って、とりあえずは一度、やってみる。ダメならダメでいいんです。面白くもなかったということは、自分には合わなかったということ。それを知っただけでも、経験になる。知識になる。一歩前進できたということなんです。

ハイジャンプしてみて、失敗したっていいんです。大丈夫！　死にはしません！

少なくとも、何もしなかった自分より、何かに挑戦したことのある自分になれる。夢を持って何かに挑戦する人の気持ちが、わかるようになる。失敗した後の人の気持ちにも、添えるようになる。それって、大きいと思いませんか？

僕が今、ちょっと心配なのは、最近の若い人の中に、体温の低さを感じること。行動範囲が狭いというか、感情の起伏が少ないというか、貪欲とは正反対。必死に何かを求める姿勢が見受けられません。

たまに、「カメラマンになりたいんですけど、どうすればなれるんですか？」と聞きに来る人がいます。

「どんな写真を撮っているの？」と聞くと、「まだ撮ってません。でも売れるカメラマンになりたいんです」

仕事を覚えるために写真スタジオのスタッフになっても、初めから現場になんて入れてもらえないから、掃除や雑用から始めることになる。すると「自分には向いてないです」と、3日で辞めてしまう。

「これからどうするの？」って聞くと「外国へでも行こうかなって」「英語はしゃべれるの？」「いや、これからです」

これ、実話です……。

もちろん、こういう人ばかりとは思いません。地道に働いている若い人が多いことも、僕は知っています。地道にコツコツ日々を過ごすことの素晴らしさも、知っています。

でも、今の自分を超えたいと思うなら、目の前にある枠を跳び越えなくてはなりません。

この先、ジャンプしたいなら、他人の手をアテにしないで、まずは助走することから覚えてください。

ときには泥臭く汗臭く、必死になる瞬間を積み重ねてください。

美に対しても同じ心構えが必要です。


さらに、もうひとつ大事なことがあります。

それはアンテナを、自分の内側にも向けてみること。世の中の動向や情報を集めるだけでなく、ときには自分の内なる声に耳を傾けたり、心の中をサーチしてみたりすることも必要です。


本当にやりたいことは、何だろう？

どんな人生だったらハッピーなのだろう？


今の自分を好きと言えるのか。どんな人になりたいのか。人間関係や恋愛は、このままでいいのか。育ってきた環境に、スポイルされていないか。ひねくれていないか。そんな自分にはこれから、どんな栄養を与えればいいのか。

こんなふうに自分自身と向かい合うのは、実はけっこうつらいもの。でも、必要なことです。

そしてここからは演出家になったつもりで、セルフ・プロデュースに取り組みましょう。自分の長所も短所も冷静に把握して、どうすれば自分を〈美女〉に仕立てあげられるのか考えるのです。

写真家の僕は、モデルや女優を美しく撮るために、ありとあらゆることを考えます。

あなたも自分を美しくするために、考えてください。

どんな服を着せる？　メイクはどうする？　キャラクター設定も忘れずに。

自分は何をしているときが素敵か？

どんな立ち姿が美しい？

笑顔はちゃんと作れる？

自分という素材は、たとえ気に入らなくても交換や返品はできません。受け入れて、折り合って、一番良く見える形に作り上げるのが、あなたの一生の仕事です。

そういう努力をコツコツと積み上げていけば、たぶん2年後、4年後、遅くても5年後には、素敵なご褒美が用意されています。

その貪欲さが行き着く先には、洗練があるのです。

洗練とはどんなものか、知性、華やかさ、センス、オーラ、あたたかみ、信頼感。どんな言葉を使っても説明しきれません。

僕がイメージする洗練とは、人の痛みがわかる、他人に恥をかかせない、大きな優しさを持っていること。自分の足ですっくと立って、ひとりで生きていく力のあること、でしょうか。

ワイルド（野性）な人も好きですよ。でもそれは「洗練の中から垣間見えるワイルド」が素敵なわけで、ワイルドなままって、それはただ生まれたまんまですから。

ともあれ、これだけは言えます。

洗練とは、どんな容貌の女性でも美しく見せてしまうのです。

十七　その美しさはリアルか？

僕は美女が好きです。

僕のまわりにいる編集者やスタイリスト、ヘア&メイクアップ・アーティストもライターも、美女が好きです。女性でも男性でも、美しい女の人が嫌いな人はいません。

では、美女というのは誰のこと？　と聞かれると、答えはてんでんバラバラ。その理由を聞いても、なんとなく、という漠然としたものもあれば、笑顔が好き、ファッションが好き、イメージが好き。中には映画で演じた役が良かったとか生き方がカッコイイとか、造作とは関係ない理由ばかりです。

そこそこきれい、という程度の女性でも、性格の良さが際立っていたり、生き方に共感が集まったりすると、美女と呼ばれる。反面、美人女優ということになっている女優さんでも、名前がいっこうに挙がらない人もいます。

美女の正体って、いったい何なのでしょう？

ひょっとしたら僕たちは、美女とはこうあって欲しいというさまざまな幻想を誰かにトッピングして、その姿に憧れたり愛したりしているのかもしれません。まるで人形にコスプレさせるように、ある人は優しさとか賢さとか強さをまとわせて、これこそ美女だと絶賛する。またある人は、愁いや色気で飾り立て、これが美しさだと主張する。自信のない男性だったら、弱さとか頼りなさとか愚かさを付け足して、安心するのかもしれません。

みんなそれぞれ勝手な妄想を託して、美女を崇めているのかも。

ところで、**エリザベス・テイラー**[*]をご存じでしょうか？　世にも珍しい紫色の瞳を持つ女性。世紀の美女と謳《うた》われた女優です。

１９４０年代から60年代半ばくらいまで約20年間、エリザベス・テイラーと言えば世界的美女の代名詞でした。

その美しさに反するように、彼女の人生は壮絶でした。何度も結婚・離婚を繰り返し、また、奔放な発言が映画会社をも振り回しました。

12歳のころ、映画の撮影で落馬し背骨を痛めたことに端を発し、ずーっと病気にさいなまれ、リハビリと睡眠薬に頼って生活していたと聞きます。

日本ではその彼女の輝かしいキャリアよりは、スキャンダルのほうが耳目を集めました。

彼女の人生は決して幸福なだけではなかった。もし僕が彼女だったら、その波瀾万丈の人生に押しつぶされて、消えていなくなっていたことでしょう。

世界中の人から美女と呼ばれ、崇拝されると同時に、実はみんなが見ているその姿は、勝手な妄想の産物。誰も本物の彼女を見ていない。それどころか、人々に愛されれば愛されるほど、本当の自分の影が薄くなっていく。

自分でも自分が見えなくなってしまいそうな中、自分の存在を確かめるためにも誰かにそばにいてほしい。エリザベス・テイラーの恋愛体質や、あの（律儀にも）結婚を繰り返し続けたことの真意がひとつ垣間見えます。

さて、僕も写真を撮り始めた当時は、美女というものに確固たるイメージを持ち、それを求めていました。

僕の好きな構図の中にぴたりとハマる、どんなモードにも負けない存在感。**白バック***を背景にしてもたじろぐことのない、まっすぐな強さ。燦然《さんぜん》と輝く重厚感のある美女。

ところが、自分がパーフェクトだと思う美意識を押し付けても、良い写真は撮れませんでした。油絵を描くのならば、そこにモデルが実在しなくても描くことができるのかもしれませんが。

でも写真は写真。被写体がいなければ、絶対に成り立たないのです。

僕が先にイメージを決めてから撮影に臨んでしまうと、予定調和どころか被写体がその中で浮いてしまうことがある。勝手に女性像を押し付けるだけでは、真に素晴らしい「写真」という共同の表現ができないと悟ったのです。「気」が合わないと、作品は成り立たない。美に到達できない。

また、女性には月の満ち欠けと呼応するような神秘的な周期があり、容姿も気分も一定ではない。少なからず、そこの微細な気持ちにトランスできないというのでは、真に女性を心から高揚させ、素晴らしい作品を作ることができないのです。

一方で、どんなイメージを提示しようと、その中にすっと溶け込んでしまえる勘のいい被写体もいます。

たとえば歌姫の浜崎《はまさき》あゆみさんは、こちらの意図を120％読み取って、その場が求めているイメージ通りの美女を演じることのできる人。ある種、天才です。

でも残念ながら、僕のカメラの前に立つのはそんな人ばかりではありません。さまざまな女性を撮影するうちに、あることに気が付きました。僕が撮りたいのは美女ではなく、その女性そのものだったのです。さっきのたとえを応用すると、僕が撮りたいのは人々の勝手な妄想を着せられてしまったイメージ込みの美女ではない。その人本来の魅力があれば、それで十分に美しい。

極端な言い方をすると、すべての女性が美しいのです。

そのことに気付いてから、僕の写真は変わりました。

美しい人を撮るときには、美しさよりも他の魅力を引き出したい。美しい人だからこそ、その人がふだん隠している知性を撮りたい、可愛らしさを撮りたい。

美しくないと自分で思い込んでいる人を撮るときには、美しく撮りたい。その人がまだ気付いていない美しさを写真に撮って見せてあげたい。

僕にはそれができる、と、自負しています。

140頁　**エリザベス・テイラー**　ハリウッドが生んだ20世紀最大の映画スター。子役時代から徹底して主役クラスを演じた美貌の女性。
「20世紀フォックス社の大スペクタクル映画『クレオパトラ』。このオーディションを、マリリン・モンローもオードリー・ヘプバーンもグレース・ケリーも受けたんです。エリザベス・テイラーはやりたくないって言うのを無理に出演したからあれほど莫大なギャランティをもらったんですね。手にしたギャラは100万ドル。当時の日本円にして3億6000万円くらいでしょうか」

142頁　**白バック**　撮影方法のひとつ。真っ白いスタジオでいっさいの装飾を排し、背景に力を借りることのない世界。それだけにカメラマンの技量と、被写体の魅力が問われるシビアな写真表現。

十八　美しい人には必ず知性と冒険心がある

女性誌の表紙やファッションページを長年撮っていますから、たくさんの美人と知り合い、一緒に仕事をしてきました。

そして僕は気が付いたんです、「美しい人には必ず知性がある」と。

もちろん美女は百人百様で、顔立ちはとても美しいのに知性をあまり感じさせない人もいます。

そういう人を僕は、美女とは呼びません。

僕は知性のある人のほうが絶対に〝美しい!〟と断言いたします。奥行きのない人を美しい人とは思えないのです。撮影をしていてそれはあぶり出しのように表れます。

僕の言う知性は、学歴とは関係ありません。

生きていく上で、さまざまな経験を経て身につけたものが、知性です。たとえば勘やコミュニケーション能力も、知性のひとつ。

たとえばこんなことがありました。それは撮影中、僕がある女性タレントの方と交わした会話でのこと。

「今日集めていただいたお洋服はとてもクラシックなスタイルのものが多いので、貴女を**オードリー・ヘプバーン**[*]のようなイメージで撮影させてください」

すると彼女は間髪をいれずに、

「誰それ？」

と投げ捨てるように言いました。彼女は決して子どもと言われるような年齢ではありませんでした。芸能人として世に存在が出るような仕事をしているならば、オードリー・ヘプバーンくらいは当然ベースとして知っていて欲しかった。

これは本当に知らないんだな、と見受けた僕は、失礼な表現ではありますが、彼女のことをとても勉強不足だと思いました。別段、僕はその意見を押し付けようとしたわけでもなかったのに……。

オードリー・ヘプバーンは数々の映画に出演した大女優ですし、妖精のような輝きをもって特に女性たちから圧倒的支持を集めた大スター。彼女が主役を務めた『ティファニーで朝食を』や『パリの恋人』『シャレード』などの映画はファッション・アイコンという意味でも重要なファクターです。

たとえ彼女を知らなくても、「それはどういうイメージを言ってるんですか?」と聞いてくれれば、女優オタクな僕はいくらでも説明できる。イメージを語るときいつもそうしていますが、今ならパソコンですぐ画像検索をして見せてあげることができる。その上で眼前の女性タレントの方のイメージと、昔のアイコンの持つイメージとの座標軸を探り、ぴたっと合わせられます。

新しい彼女を美しく提案できるんです。

むしろ、

「私はヘプバーンのように細くないし、実はブリジット・バルドー*のようなコケティッシュなイメージに憧れているんです」

なんて言ってくれたら、イメージはどんどん膨らみます。

さらに知性は、生き方によってどんどん広がります。

自分のアンテナにひっかかったジャンルの扉を開け、好きになり、とことん突き詰めていくと、知らなかったことがどんどん体に入ってくる。着物のことならとても詳しい、でもいい。演劇だったら任せておいて、でもいい。紅茶のことなら3時間でも語れる、でもいい。自分のルーティンワークだけでなく、自分で選び取ったものに付随する経験値は、何よりも得がたい知恵となり、知性になります。

好きなことなら、ずうっと追いかけたくなる。ずっと追いかけていくと、それに関する知識だけでなく、歴史を知ったり脇道に逸《そ》れたり、物事には裏表があることに気が付くのです。教科書に載っているような知識だけでなく、世の中のありようも見えてくる。きれい事や正論だけでは通らないときに、方便を使うことの大切さにも気が付くでしょう。

それら全部をひっくるめて、僕は知性と呼びたいのです。

僕の経験からすると、知性のある人ほど、キャパシティも広い。

頭の良い人ほど、自分のイメージにこだわることなく、自分が想像もしなかったアイデアに、楽しみながら乗ってくれます。

逆に、ちょっと生意気な言い方ですが「自分はこれ」と枠を決めてしまっている人は、意外と小物の方が多い。

たとえば、こんなことがありました。

まだ若い女性アーティストです。

ちょっと売れ出して、これからどんどん世の中に出ていこうというタイミングでした。ヘア&メイクアップ・アーティストやスタイリストが渾身のスタイリングで、もちろん僕も全力を尽くして、彼女を最高の形でプレゼンテーションしようと思っていた。

自然体で撮影することもひとつの正解であることをわかった上で、僕は提案しました。

「ここはこんなポーズで撮りましょう」

「このセッティングでは風を当てますから、こうなさってください」

もちろん敬語です。それが僕のポリシーですから。

すると返ってきたのが、

「私、そういうアーティストじゃないんですー」

「私、そういう人じゃないから」

「できないし」

ポージング拒否、イメージ拒否。前髪いじりながら、しかも苦笑いで。

結局仕上がったのは、誰が撮影しても同じじゃないかっていう、平均的なアーティスト写真でした。もっとセッションしたかった、という思いが残ります。

僕は彼女に嫌われることは何もしていないし、こういう写真を撮りたい、というイメージがあるのなら、とことんコミュニケーションを取って、写真家の僕を巻き込んで作り上げればいい。自己主張は悪いことじゃありません。自分のイメージをスタッフに説明して、自分の作りたい世界を作るべきです。

でも自分にそこまでのイメージがないのなら、いっそ自分を委ねてしまえばいい。スタッフは全員プロなんですから、彼女をきれいに見せよう、素敵に撮ろうと思って頑張っています。信頼してコラボレーションすれば、何か新しいものが絶対に生まれる。

そういう冒険心や潔さも、知性のひとつだと僕は思います。

それで思い出すのが、浅丘《あさおか》ルリ子《こ》さん。

彼女の美貌の素晴らしさは、もはや僕が語るまでもないでしょう。日本を代表する女優です。

直接お目にかかると、気っ風が良くて、さばさばとした、とてもクレバーな方です。

浅丘さんは、僕が撮ったご自分の写真を見て、

「私が20代、30代のころの輝きが見えるわ」

と言ってくださった。

とても光栄なことと思いました。僕はそのころの浅丘さんの姿を映画で何度も見て、脳裏に焼き付けて、撮影に臨んでいます。

そんな僕が彼女の出演作の話をしながら、指示を出します。

「こういうポーズはどうですか？　次の微笑みは、もう少しカメラを意識しないで、懐かしい友人に逢ったように！」

ひょっとしたら最初は心の奥で、

「こんな若いキャメラマンで大丈夫かしら？」（この時代の女優たちは映画のキャメラになぞらえて、写真家をキャメラマン、と呼ぶのです）

と思われたかもしれません。でも「よろしくね」とおっしゃって、僕の指示に

すべて従ってくださった。

この撮影ではもうひとつマジカルなことが起こりました。

まず、これぐらいの大スターともなると、すっぴんで現場に来るなんてことはありません。

その彼女が、僕の1枚目の写真を見ると、自分のこだわりを捨ててメイクを落として、

「さ！　今日は好きにして！」

と、僕がとても信頼しているメイクアップ・アーティストに素顔を預けてしまいました。

日活映画の大スター時代から自分のこだわるアイラインを決して他人に引かせなかった彼女が、です。

共同作業、真剣勝負であり最高のクリエイションが実現した要因のひとつとして、美女たる彼女の知性と冒険心を僕は感じるのです。

知性を持った女優さんとして僕が大好きな方がもうひとり、岩下志麻さんです。

彼女も絶世と呼ぶに値する美女です。

メナード化粧品のカレンダーを撮影するとき、初めてお目にかかったのですが、僕はそれはもう、大興奮！　だって数々の素晴らしい日本映画に登場していた志麻さんを、幼いころからうっとりと見つめてきたのですから。

でも撮影中は写真家として、プロに徹しました。いつものように、ポージングもつけさせていただきました。

「あら私、こんなポーズしたことないわ」

と笑いながら、でも志麻さんはきっちりと僕のお願いしたポーズを取ってくれました。仕上がりは、最高！　以来、撮影でお目にかかるたびに僕のことを信頼して、任せてくださいます。

好奇心と向上心と冒険心が世界を広げ、知恵が身につき、さらにもっと先の世界が知りたくなるのです。

結局知性というのは、人間がより良く生きていくための知恵の集積なのかもしれません。

毎日を平坦に生きていくだけなら、今と同じことを繰り返せばいい。でもそれでは飽き足らずに何かに興味を持ち、貪欲に何かに手を伸ばし、観たり聴いたり学んだり話したりした人間は、前よりもずっと生きるのが楽しくなります。

もちろん、未知の世界には緊張することもある、じっとしていたら知らないで済んだかもしれないつらさもあるし、傷付いたりもするけれど、気が付いたらそこにいるのは、洗練された自分。いつのまにか美しさを手に入れて、でもそんな自分の美しさには頓着しない、自由な自分がいるのです。

147頁　**オードリー・ヘプバーン**（1929〜1993）　グラマラスな肢体が人気女優の条件に不可欠だった時代に、文字通り妖精のように舞い降りた女優。ショートヘア、小枝のように華奢《きゃしゃ》な身体、魅入られるような瞳。新しい女性像を世に示した。ジバンシィのファッション・ミューズとしても知られている。

149頁　**ブリジット・バルドー**　1934年生まれのフランスの女優。ハリウッド・グラマラスの向こうを張るようなパリ的エロスでたちまち人気に。

十九　捨てる、という美意識

自分はきれい、と思っている人は、いったいどのくらいいるのでしょう？

第一章に〈美女のグラデーション〉（16～17ページ）なるものを提示しましたが、自分はその中のいったいどこに位置するのか、誰も教えてはくれません。正解も、ありません。

だって美女かどうかを決める基準なんて、どこにもないのですから。にもかかわらず、女性にとって自分がきれいかどうかは、人生のメインテーマです。

幼いころから否応なく、女の子は自分の容貌に振り回されてしまう。

小学校、中学校、高校、大学、就職先から趣味のサークル内でも、きれいかどうかがファーストインプレッション。残酷だし、不条理です。

どんな顔が美しいのか、それを決めているのは「社会に流れている空気」なのではないでしょうか。社会が「なんとなく今はこれが美しいんですよ」と言っているだけです。犬よりも猫、こってり味よりあっさり味、ジャンクフードより健康食、イケイケよりマッタリ。そんな、なんとなく好ましい傾向があちらこちらから集まって、流行っているタレントの顔を借りて、空気のようにコンセンサスができあがっていく。

しかもその美しさは、3年も持ちません。

時代というものもあります。ヴィヴィアン・リー*はとても美しいけれど、現在もし彼女がいたら、その美貌はちょっと重すぎると言われるでしょう。こってり、濃厚な美女ですから。

モデルにしても、今は血の通ったリアルな美女が求められている。かつては氷のような美貌の人がもてはやされましたけど、今なら誰も振り向きません。

つまり美しさに、実体はないんです。

面白いですね、実体のないものと我が身を引き比べて、コンプレックスを感じている。僕も昔からずううっと、容姿にはコンプレックスを感じて生きてきましたけど、美に実体はないのだと気が付いたのは、40代に入ってからでした。幼いころからずうっとまわりを見てきて、美しさの秘密を知りたいからずっと追いかけてきて、その間にタレントと呼ばれる人たちが現れては消えていった。そんな栄枯盛衰を延々と見続けて、ようやく、表面的な美しさなんてうたかたのものだと悟ったのです。

遅かった！　もっと早く気が付くべきでした。

特に最近は、美のバリエイションが狭まってきていると思います。次から次に出てくる女性タレントは、似たような美女ばかり、とは思いませんか？　昔はそれでも美のベクトルは多方面にわたり、キャパシティも広かった。なのにこれだけ情報が多様化した今、美はどんどん画一化されています。

たぶん美意識は、ネットという広大な畑で均一化され、大量生産されているのでしょう。〈きれい〉と検索すると、〈これがきれい〉と似たようなものがばーっと出てくる。それぞれの美しさや突出した美は、膨大な平均値の下に埋もれてしまっているのかもしれません。

そうなると大事なのは、あなたがあなたであること。

社会が、今という時代が何を指し示そうと、あなたはあなたの美を持てばいい。

でもそれは、社会や時代を無視していい、ということにはなりません。

美は、常に更新されなければいけないのです。

20代のころ、一番男性にモテたころに付けていた口紅の色を30代になっても変えないのは、時代遅れであり、過去の自分への未練です。美しかった人も、そのときの美しさにしがみついていると、どんどん劣化してしまう。時の流れと同じ速度で、自分もまた変わる覚悟を持つべきです。

写真家として創作する中で一番つらい時期を過ごしていたころ、僕を救ってくれた女優さんがいました。

松坂慶子《まつざかけいこ》さんです。

彼女はどの角度から見ても完璧な顔を持ち、美しい声を有し、妖艶でセクシーなスタイル。でもなぜか、女性たちからも嫌われないという不思議な魅力を持っていました。まさしく疑うべくもない絶世の美女でした！　僕を日本映画の魅力に導いてくださった主たる女優のおひとりです。

でも、そんな松坂さんでも年齢を重ねていきます。どんな美女でも年を取るのです。

そこからが、松坂さんの正念場でした。

映画『**死*の棘《とげ》**』に出演、夫に裏切られて精神が壊れていく妻を、ノーメイクで演じきったのです。

その演技の凄まじかったこと。松坂さんでなければ演じられなかった。作品はカンヌ国際映画祭グランプリを受賞しました。ブラボー！

「きれいな私」は封印し、また、映画の中で献身的に役に身を捧げ演じきる彼女に共鳴しトランスした僕は、とても豊か、かつアグレッシブな気持ちになり、スランプから脱出できたのです。

それ以上に底のない、救いのない重すぎる映画だからこそ、逆にスカッと悩みが晴れていったとでも言いましょうか……。

年齢を重ねられたいまも、松坂さんは素晴らしい大女優さんです。

妖艶でもあったその姿はより穏やかで優しい美貌となり、主演で映画を彩るときも、脇役で映画を支えるときも、名俳優として活躍していらっしゃいます。

松坂さんは変化を恐れずに、常にご自身を更新していらっしゃったのでしょう。

「『あのころの松坂慶子さんは、前世だった』って自分自身で言ってるのよ。だからいまでもきれいだなんて言ってくれて、本当に本当にうれしい」

そう言って笑っていらしたのがとても印象的でした。

159頁 **ヴィヴィアン・リー**（1913〜1967） イギリスの女優。アメリカ南北戦争サーガ『風と共に去りぬ』（1939）で演じた、美しく勝気で行動力あるスカーレット・オハラは、その後のスカーレット像を決定づけた。

162頁 **『死の棘』** 小栗康平《おぐりこうへい》監督の1990年公開の映画。原作は島尾敏雄《しまおとしお》による同名の小説。

二十　「君には隙がない」と「母という強敵」

男女の間には、謎のワードがあります。

「君には隙がない」

言われたこと、ありませんか？

これ、一見褒め言葉のようで、でもその後の関係の発展を否定するかのような台詞です。〝その気があるのないの、どっちなの？〟って問いただしたくなります。

「隙（すき）」っていったい、何なのでしょう？

「つけいる隙」って、言いますよね？　だから、

「君にはつけいる隙がない」

つまりうかつには手を出せないという意味だと、一般的には解釈されます。

その場合、隙というのは緊張感の反対語。だらしない、はしたない、ゆるゆるな感じ？　だからって、急にだらーっとした姿を見せればいいのか？　って話です。

「そんな高等テクニック、無理！」と思うような女性だからこそ、隙がないって言われてしまう。

でも翻訳すると、

「君は美しくて素晴らしいから」という意味の場合もあるでしょう。

「いま仕事が楽しそうだから」

「俺のほうにベクトルが向いてなさそうだから」もある。

逃げ口上としての理由はいくつもあるものです。

そんな台詞を言わせない女性も、いますよね。男性に対する態度が、先天的にテクニカル。男性の前に行くとキャラ設定が途端に変わる。コロコロと明るくて優しくて、会話の語尾なんかも絶妙で、つまんないギャグにも大受けして、上目遣いやアヒル口が上手で、さもかいがいしくサラダを取り分けたりお酒をついだり、なぜかそういう女の住むエリアの終電時間は微妙に早かったりして。

実際、そういう女性に弱い男性も、多いんです。テクニックであることは百も承知で、その必死さをひたむきさ、可愛さと受け止める男性もいます。

ま、そういう男性とそういう女性ならベストマッチングということで、話を先に進めましょう。

僕はこの隙って言葉、安心感だと思います。

男性はいつも安心したいんです。日ごろ虚勢を張って生きていますから、安心感に飢えている。

でもどこで、どんなところに安心を感じるかは、その男性によって全然違います。

だってその安心感の正体は「お母さん」。安心感の奥の奥をずうっと探っていくと、その男性の母親像に行き着くからです。

そう、男性はお母さんと同じ匂いの女性を探して、そこで安心したい生き物なんです。

なにそれー！　って、若い女性なら思うでしょうね。

マザコン？　そう、男はみんなマザコンです。

一度でも大恋愛したり結婚したりパートナーと暮らしたりしたことのある女性なら、男にとって母親がいかに強大な存在か、どれだけ影響を受けているか、ご存じのはず。

男性は、美の基準すらもなんとなーく母親と同じ匂いのする女性を、好ましく思うんです。

僕の知り合いに、なかなかの好青年がいます。

すらっとしたイケメンで、仕事もできる。

その彼が結婚するというので、お相手を紹介してもらったのですが、それがその、なんていうか……冴えない女性でした。お話ししてみたら、外見だけでなく中身も、とりたてて素晴らしいものを持っているようには見えなくて。その場にいた僕以外の男性も女性も「？」という反応がほとんどでしたから、これは僕だけの印象ではありません。

でも彼は、こう言うのです。

「ひと目会ったときから、こんな美女に初めて会った！　と思いました。それからは猛烈にアプローチして、頑張って頑張って、ようやく結婚にこぎつけました」

たぶん彼女は、彼のお母さんと似ているのでしょう。面差しとか雰囲気とか話し方とか、女としてのありようが。

ここで注目して欲しいのが、彼の美女観です。安心感だけでなく美しさも、母親基準。つまり人それぞれということです。男性が100人いたら、100通りの美女がいるのかもしれません。

ここでは美女という概念がいかに曖昧なものか、それだけはお伝えしたいと思います。

ちなみに、男性の中には母親が大嫌いという人もいます。母親とは正反対の女性を選びたい、と公言する人もいる。でもそういう人は得てして、母親との共通項を隠れキャラとして持っている女性に惹《ひ》かれてしまうもの。それはそれでやっぱりマザコン、ということでしょうね。かくいう僕もその気があるのかもしれません。

マザコンであることは決して悪いことではない。問題なのは、女という性に対して「なんでも許してくれた自分の母親」を投影し、「女とは許す生き物だ」と願ってしまう男の「甘え」なのです。

二十一　魅力の分析

知性の感じられる女性じゃないと、美女じゃない。

僕はそう言いました。

同時に、美女の魅力は、知性だけじゃありません。

魅力は時代とともに、社会のありようとともにどんどんバリエイション豊かになっていくんです。

80年代、僕の青春を彩ってくれたのは松田聖子《まつだせいこ》さんと中森明菜《なかもりあきな》さんでした。

この対照的な歌姫が同時期に活躍したというのは、素晴らしいこと。

どこも似てない、かぶっていない、だけど常に比べられてきた方たちです。おふたりからは生き方も含めてとても興味深い、それぞれの女性の魅力を見せてもらいました。

そもそも松田聖子さんはアイドルで、ぶりっこの代表格と言われ、まず男性ファンがものすごかった。女性が嫌う女性でした。

でも彼女は自分の欲望をすべて叶えるべく、闘ったんです。結婚して、子どもを産んで、歌という仕事を続けた。その後も何度もパートナーを替え、この段階で女性ファンが爆発的に増えました。そしてその後、煌《きら》びやかで奔放な女性に憧れるゲイたちへとひろがりました。生活感を感じさせないその生き方が理由でしょう。

闘うぞ！　というフェミニズム意識をご本人が持っているかどうかは別にして、彼女は自分自身の人生をつかみ取ったのだと思います。

中森明菜さんは、デビュー当時はどちらかというと不良のイメージ。突っ張っていて男勝りで強い女、ということになっていましたけど、宿命にも周囲の思惑にも振り回されるというドラマ性もありました。

でも歌を歌わせれば天下一品、『難破船』は彼女でなければ歌いこなせなかった。自分で自分をコントロールできない「絶対的な業」がその歌にはありました。

明菜さんの魅力は〝翳《かげ》り〟なんです。それも愁いを含んだ翳り。

宿命を背負っているようなドラマ性、逃れられない業を背負った、デカダンな美しさ。ろうそくの炎が消える刹那、ぱっと燃え上がるような激しい美しさです。

同様の翳りを感じさせる美女といえば、ちあきなおみさん、小林麻美《こばやしあさみ》さん、いしだあゆみさん、シャーロット・ランプリングがいます。竹久夢二の描く女たちも、翳りのある美女ですね。

翳りとは人の情に響くもの。

危うさをもはらんでいるひとつの美の状態。

自分にはとうていできないような危うい生き方の可能性を見ることによって、自分の望みなどをある種代弁してもらえる部分が魅力として訴えるのです。

単なる暗い女とは、わけが違います。

暗い女はネガティブなオーラを発散して、はた迷惑なだけ。「ちょぴ翳」はダメです。どうせならとことん翳りと呼べるレベルまで昇華してほしいと思うのは、僕だけでしょうか？　徹底的に男性とまわりを巻き込んで「**デカダンス**」*と「**ファム・ファタール**」*を生きてみてください。

ああ、でも職場などでは注意してください！　職場はあくまでプロフェッショナリズムを発揮する場。ネガティブオーラな人が隣の席なんてイヤですからね。

反対に、ピッカピカに明るい女性たちもいますが、彼女たちにもすべからく翳りはあります。陽が当たるほど、影は濃くなるのです。明るくて元気でポジティブで前向きな人ほど、実は内側に闇や屈託を抱えている。それを自分で知っているから、笑顔で闘うことができるんです。そういう中と外のギャップもまた、美女の魅力のひとつでしょうね。

174頁　**デカダンス**　décadence「退廃」の仏語。風俗、文芸など唯美性を特色とする。おもに芸術、文学表現の特性として用いられ、人物描写に使われることもある。

174頁　**ファム・ファタール**　femme fatale　仏語。男にとって運命の女。それは必ずしも幸福とは限らず、ときに絢爛たる破滅をもたらす魔性の女でもある。芸術全般に行き渡った女性概念で、新約聖書のサロメはその最高峰。映像・絵画・音楽・文学あらゆるジャンルで男性をいまも惑わし続ける。

美女を学ぶ　映画リスト

仕草、立ち居ふるまい、姿勢、心のありよう。多くの女優から学べる新しい映画の視点

僕に美というものを教えてくれたそのものは、映画でした。

そこに登場する女優さんたちは、可憐だったり蓮っ葉だったり献身的だったり傲慢だったり、みんなそれぞれなんて美しいこと！

でも、それだけではないのです。

僕は映画を観るとき、物語の展開を楽しむだけじゃない。女優さんに憑依して、ヒロインとして僕は物語の中に生きていました。たくさんの女の人生を体験して、そこで多くを学んだのです。

数多くの映画を観るようになると、今度は女優さんの「人生」も僕の中に入り込んできました。若いころは娘役で、拙い演技をしていたけれど、10年後の今はこんな役を演じるようになった。この役はすべてをなげうってでも演じたい、この身を捧げたい。汚れ役だけど、この役には私のすべてが生きている……。

それでも演じること、役に憑依すること、映画という総合芸術に献身することの素晴らしさを、僕は映画の中でヴァーチャルに女優を演じることで経験することができました。その喜びはそのまま僕の美意識の養分となり、写真家としての僕を育ててくれたのです。

だから僕は、女性の読者のみなさんに、映画を観ることをお勧めします。

たくさんの物語があり、たくさんの女性がそこには登場します。
あなたもそのひとりになって、しばらくの間、その人生を生きてみて欲しい。
今までの人生では決して知りえなかったことを知ることができるから。
会えなかったはずの人に会えるから。

これからご紹介するのは、僕のお気に入りの作品です。

素晴らしい女優さんが登場する映画を選《よ》りすぐりました。見終わった後、少なくともあなたは、以前のままではないはずです。

そこにいるのは以前とは違う、より魅力的なあなたのはずです。

『細雪』

四姉妹はひとりの女性に内在する個性。どれかを選び取って今日という日を過ごす

市川崑《いちかわこん》監督の1983年公開の映画です。
大阪《おおさか》・船場《せんば》の裕福な家に育った4人姉妹の物語です。
長女は封建的、次女は苦労性、三女は優柔不断で、末娘はちゃっかりしてる。

第二次世界大戦前夜、没落していく上流家庭の中で、姉妹があぁでもないこうでもない、着物がどうしたこうしたって言い合っているという話なんですけど、この女たちは家に縛り付けられたまま、外の世界を知らないんです。

僕はこれを観て、この4人はひとりの女のさまざまな側面を表しているのかな

って感じました。

愛でるポイントは、女優たちが競い合うように「私が主役よ！」と演じているところ。岸恵子、佐久間良子《さくまよしこ》、吉永小百合《よしながさゆり》、古手川祐子《こてがわゆうこ》の４人が、誰ひとり関西出身ではないのに完璧な船場言葉で演じています。

しかもその着物や帯の、美しいこと！

いまや職人さんも減っているし、たぶんもう二度とこの素晴らしい世界観は撮れないいんじゃないでしょうか。

原作者は谷崎潤一郎《たにざきじゅんいちろう》。

彼の『陰翳礼讃《いんえいらいさん》』は僕がいちばん好きな文芸作品なんです。

この『細雪』は、谷崎が上方の女性をいかに愛し、夢を見たか。それが描かれた作品です。

プルーストの『失われた時を求めて』の日本版。僕はそう思っています。

『ポゼッション』

女優の憑依、献身を日常にも。あなたは仕事に「憑依・献身」するのです

取り崩される前のベルリンの壁。

その面前のアパートメントで撮影した寒々しいブルーともグレイともつかぬ色彩の映画に、とても芸術性を感じます。


イザベル・アジャーニという女優、もう完全にイッちゃってます！

19歳のときに『アデルの恋の物語』（1975）という作品でヴィクトル・ユゴーの娘を演じました。彼女の実年齢とはずいぶん年齢差があったんですけど、監督のトリュフォーが「アジャーニがスクリーンを焼き尽くす」と言ったくらい、それはもう驚異の熱演だったんです。

その後女盛りの26歳のときに出たのがこの『ポゼッション』（アンジェイ・ズラウスキー監督、1981年公開）。

完全に憑依してました。

「わたし女優なの」なんて意識は欠片《かけら》もなくて、ただただ作品に献身しています。

その後も『カミーユ・クローデル』（1989）で彫刻家ロダンの恋人役にまたもや憑依していて、最終的に狂気から戻って来られなくなるんじゃないかって心配になるくらい。

そこが大好きです。

日常の仕事にも通じるものがあります。

たとえばテレフォン・オペレーター。たいへんですよね、一日中苦情聞くの。

ただ、ある種企業のトップとか仕事に秀でてる人って、苦情を言う相手にすらもトランスしていくような部分があると思う。

だから、相手の心持ちに憑依しているからこそ、細やかな対応ができるようになる。自分の仕事に対するのめり込みようでしょう。

映画そのものはタフな内容なので気力・体力ともに充実しているときにご覧いただきたいし、話もシュールですが、その実、日常に活かせる教訓もあるのです。

また、日本の浮世絵の「北斎《ほくさい》漫画」を思わせるとあるシーンがあり、とてもグロテスクですが美しく感じました。

『はなれ瞽女《ごぜ》おりん』『心中天網島』『疑惑』

憑依・献身といえばこの映画もです。

大女優・岩下志麻さんが、ご主人で映画監督の篠田正浩さんと出会って、それこそ私財をなげうち一緒に映画を作っていく。文字通りの献身が、これら作品の凄みとして伝わってきます。

女優という仕事は、人の人生を映しかりそめに生きている。そこがつらくなることもあるようです。でも、自分の人生をなげうってでも他の女性になる、なりきる。

繰り返しますがその献身のような、覚悟というものを役のひとつひとつに感じました。

『はなれ瞽女おりん』（１９７７）では宮川一夫《みやがわかずお》キャメラマンの画が美しいですし、『心中天網島』（１９６９）の、文楽をアヴァンギャルドに表現したステンレスのセット！　粟津潔《あわづきよし》さんの傑作です。

世代、年代を超越した大女優たちの、贅沢で絢爛たる競演が観られるのは松本清張《まつもとせいちょう》原作の『疑惑』（１９８２）。

サイレント映画時代からの大女優山田五十鈴《やまだいすず》、50年代の映画黄金期のスター岩下志麻、そして70年代のしらけ世代の筆頭である桃井《ももい》かおりのリアリズムを追求した演技。

この3代の女優の名演が光ります。

岩下志麻と桃井かおりがワインを互いに浴びせかけるラストシーンはいまや伝説……。

『愛の嵐』

マチュアとは何か。そのさきがけ、ランプリングの退廃感と真の国際性

上半身裸でサスペンダーをつけ、ナチスの帽子をかぶって踊るシャーロット・ランプリングの写真、見たことがあるはずです。

これはナチスの残党と、元捕虜の女性がもう一度トラウマティックな偏愛に陥る話なのですが、ランプリングでなければこの作品は成り立たなかったと思うくらい、素晴らしい女優。

見るべきはあの退廃感ですね。胸はペタンコだし、ハスキー犬のような顔で、白人にしてはちょっと珍しい奥二重。手足もひょろっと長くて、でもその肢体からは独特のエロティシズムが醸し出されます。

写真界の巨匠ヘルムート・ニュートンが、彼女をモデルに芸術的なヌードの名

作を撮っていました。

この作品の前にルキノ・ヴィスコンティ監督の『地獄に堕ちた勇者ども』（1969）にも出演していますが、これもまた素晴らしい作品。

ランプリングはその後もずっと女優業を続けていましたけど、2015年に『さざなみ』という作品に出てまたまた評価されました。

彼女は自分の人生をきちんと生きてきたから、美容整形なんて必要ない。たぶん今、70歳くらいだけど、すごい迫力の顔をしている。超かっこいい女性です。

軍人でありスポーツ選手でもあったお父さんの影響でいろんな国に住んだ。だから多言語を話すことができるし、どこに住むかも自由。かつて2人の男性と同居するというスキャンダルもありました。大人ならではの選択だったのでしょう。

ほんもののマチュアとインターナショナルを学んでください。

『カジノ』

ときには全力で相手を喰う！　そういう胆力も美女には必要です

美女であることに甘んじず、更新することで得られる強さを教えてくれます。

『氷の微笑』（１９９２）で一躍トップ女優の仲間入りをしたシャロン・ストーンですけど、『カジノ』（１９９５）という映画での彼女、衣装も含めて最高です。

１９７０年代のラスベガスが舞台で、女ハスラーを演じています。彼女の役は実在した女性で、脚本で少し誇張しているものの、金に汚くて男をたぶらかす悪女役。一世一代の名演技です。

『トータル・リコール』（１９９０）でのちょい役もいい味出していて、必ず爪痕を残しますね、この人は。

ブロンドヘアの美人女優で、ハリウッドではこういうタイプの女優さんは、〝セクシー〟だけでくくられて消費されてしまうことが多い。
つまり美女であることがハンディにもなるという一例なんです。

シャロン・ストーンは、この映画でマーティン・スコセッシ監督に指名され、「私がそんな天才に請われるなんて思ってもみなかった……。この役は誰もがオーディションを受けて勝ち取りたい役です。私は命がけで堕ちていきます。誰にも渡さない！」と言ったほど。

可愛いだけの女であることをよしとしない彼女はガガッとエネルギーを使って、力業で存在感をアピールしている。
クレバーだし、ガッツもある女優なのだと思います。ロバート・デ・ニーロ、ジョー・ペシはじめ錚々《そうそう》たる役者たちを完全に喰ってました。

『吉原炎上』

どんなポジションでも全力でこなす女の美しさ！

五社英雄《ごしやひでお》監督が1987年に撮った花魁の話です。西川峰子《にしかわみねこ》、藤真利子《ふじまりこ》、かたせ梨乃《りの》、名取裕子《なとりゆうこ》、二宮《にのみや》さよ子《こ》の競演が、素晴らしい！

五人五様の生き様が濃厚に描かれた傑作です。落ちぶれていく女あり、死んでいく女あり、幸せになる女あり。

誰が主演ということなく、すべての女優が演じきっています。

衣装もさることながら、アール・ヌーヴォーと和洋折衷のオープンセットも素晴らしかった。一般的な評価もさることながら、新宿《しんじゆく》二丁目界隈での評価が圧倒的にすごくて、中でも西川峰子さんはこの作品で絶賛されています。

みどころはなんといっても5人が「私の映画よ！」とそれぞれの役を演じきるその力です。

地位、役職、無関係。ひたすら自分の仕事に打ち込むことが、ひいては全体の完成度を高める、クオリティを上げるのです。

会社や集団の中でもそういうことってありますよね。

僕は個人的に藤真利子さんの役どころが好きなんです。

その役の女性が、割れた金魚鉢が散乱するなか自殺をするというシーンがありました。

「撮影中ずーっと役が憑依していたの。でね、自殺するシーンでなにやら男の人の声で『ふんづけろ！　やれ！　やれ！』と聞こえてくるの。監督の声でもスタッフやエキストラの人たちの声でもないのよ。で、私、必要ないのに金魚鉢を踏みしめちゃっていたの。ざっくり足が切れて、ガラスが突き刺さっちゃってたいへんだった。撮影所って、こういう理屈じゃないものが潜んでいるのよね」

と、おっしゃっていました。

『ツィゴイネルワイゼン』

美しさの条件に「翳り」が欠かせないことを知る

鈴木清順監督による不思議な世界観の映画ですけど、引き込まれます。作曲家のサラサーテが自作を演奏する「ツィゴイネルワイゼン」のSPレコードに雑音が入っている。それは何を言っているのか？　その疑問に端を発し、幽玄の世界を行ったり来たり、時間も空間も超えてしまう映画的魔術の連続です。

そこに華を添えているのが、大楠道代《おおくすみちよ》さんという女優。大正時代の着物を着たり、モガ風のワンピースを着たりして出てくるんですけど、ドライでアンニュイで洗練されていて、ちょっと奔放で、だけどモダンで。ヨーロッパの香りもする素晴らしい女優さんです。

彼女の魅力ってなんだと思います？

僕が思うには「翳り」なんです。

モダンな着物も着こなすしゃれた存在感。ふとした翳りの表情。それらがとても魅力的なんです。

美女はいくつものエレメンツで成り立つことを示しています。

『シカゴ』

貪欲であれ。代償も引き受けることで、それ以上のものを手に入れた女たちの痛快劇

１９２０年代から30年代、まだ女性が蔑視されていた時代。禁酒法の中、舞台は欲と力と賢さを持つ人間のカオス、シカゴ。それを背景に２人の女性が手段を選ばずのし上がっていこうとする姿は、観ていて爽快な気持ちになります。

この２人の女性をレネー・ゼルウィガーとキャサリン・ゼタ＝ジョーンズが演じていますが、２人ともすごく貪欲。

「私は不世出のスターになる！」という夢に向かって。

しかし貪欲であると同時に、栄枯盛衰というか、人生のアップ＆ダウンをきちんとペイしているのもぜひしっかり観てください。

ロブ・マーシャル監督自身もゲイです。それを公言しています。そういうニュートラルな視点で女性の生き方を「俯瞰《ふかん》」し描ききっている。

決してどろっとヘヴィではなく、からりとした痛快さを体感して欲しいです。ミュージカルですから音楽も素晴らしい！

嫌なことがあったら、僕はこの映画を観ます。スカッとします。

ちなみに、リチャード・ギアが演じた弁護士役。実は最初にジョン・トラボルタにオファーがいったところを、トラボルタが断ったそうです。もったいないですね。

『流れる』

経験値、出身背景などがまったく違っても、ひとつの作品に昇華させる女優たちの姿

ある人は舞台、ある人は無声映画時代、またある人はまさに本作と同時代の出身。まったく違う出自を持ち、個性の異なる女優たちがひとつの画の中に収まる面白さに満ちた作品が『流れる』（１９５６）です。

栗島《くりしま》すみ子《こ》、杉村春子《すぎむらはるこ》、田中絹代《たなかきぬよ》、高峰秀子《たかみねひでこ》、山田五十鈴、岡田茉莉子《おかだまりこ》。錚々たる女優たち。

それぞれの時代、世代、フィールドの第一人者たちが、各人の経験、スキルを活かしきって役柄を演じる。滅んでいく芸者の置屋を舞台に、女優たちがその場にしっくりと収まっているさまの美しさは出色です。

各フィールドから選抜されたトップたちが他者領域を侵さず、一堂に会して持てる技量を発揮する……。

この感じ、読んだ覚えはありませんか？

そうです、前にお話しした『細雪』なり『疑惑』につながる部分もあるかもしれません。

冒頭に挙げた栗島すみ子さんという方は、映画撮影の時点で既に引退後18年も経っていたサイレント時代の大女優です。成瀬巳喜男《なるせみきお》監督から請われてこの１本だけに出演しました。

サイレント映画とは「声がない芝居」ですからどうしたって演技が大げさになるものですが、栗島さんは実にナチュラルに存在してらした。

これだけの女優が妍《けん》を競う演技を見せるのを圧して、ちょっと裏を持つ初老女性の役の栗島さんが実に自然体で芝居をしていたことがとても印象深かったです。「別格」という感さえ持ちました。

『黒い十人の女』

相反する魅力を極めた女性同士は似る、というアンビバレントな帰結

1961年公開の映画。日本のヌーヴェル・ヴァーグ、画期的な映画です。当時としてはすごくモダンでスタイリッシュで少し女性上位的。ひとりの男に翻弄された10人の女性が結託し、その仕返しとして男に復讐する話です。

10人の女性が登場する中で、ひときわ素晴らしいのが山本富士子《やまもとふじこ》と岸恵子。それぞれ正妻と愛人を演じています。この2人のやりとりが見ていてスカッとするほどかっこいいんです。

山本富士子も岸恵子も、とても女っぽいのに、女々しさ、フェミニンさゆえのぺたっとした媚《こび》とはまったく別種の魅力を放っています。

演じる佇まいは真逆。山本富士子は表向きはしっとりした古風な女を、一方の岸惠子はドライで都会的で現代的な女を演じている。かたやフェミニン、かたやクールと正反対なのに、女として昇華するある一点を超え、とことん女らしさを突き詰めていくと、醸し出すものが似てくるというアンビバレンスは、まさに啓示的です。

加えて、話のテンポがとてもいい。

それは「説明をしきらない」という市川崑監督独特の編集方法だからなんですね。感情移入させないテンポ。だからこそ、より観客にインパクトを与えるのです。

登場人物に対して「私、こういう意見じゃない」「私だったらこうしないわ」などと自由に選び取らせる。観ている女性に託されている部分が多いのでしょう。

ぜひ市川崑監督が作ったスタイリッシュな映画にひたってください。

きゅっとしたアイラインなどファッションやメイクにも見るべきところがたくさんあって楽しめます。

『エディット・ピアフ　愛の讃歌』

主演女優が憑依せざるをえなかったシャンソン歌手の「弱いゆえに強い」人生

主演はマリオン・コティヤール。彼女は32歳のときにエディット・ピアフというシャンソン歌手の若いころから晩年までを演じました。

ピアフはいまから50年以上も前に亡くなりましたが、いまでもフランス国民に敬愛され続け、一説によるとフランスでの音楽著作権料は作曲家のモーリス・ラヴェルに次ぐとも。

シャンソンはフランス発祥の音楽で、魂に訴えるドラマ性の高いジャンルです。日本のもので置き換えるなら演歌、黒人音楽でいうならブルースに近く、痛切な人生を歌うものが多い。まさに歌い手の人生をあぶりだすような……。

エディット・ピアフはその世界で刻印を残した偉大な存在でした。舞台で喝采を浴びれば浴びるほどに私生活では凄烈《せいれつ》さを増していく。「私はアーティストよ!」と叫べば叫ぶほど、普通の女としてのあまりに普通の愛が必要になってくる。

女性が自由に仕事を選べるのとは程遠い時代に、才能だけが武器の小さな小さなピアフ(すずめという意味)は文字通りストラグル(奮闘)する。前述した「美女はツケを払う」という言葉を思い出してください。

演じたコティヤールは、170センチを超える身長ですが、147センチのピアフを完璧に演じきっています。

コクトーやマレーネ・ディートリヒなど映画に出てくる人名は珠玉のリスト。ぜひみなさんご自身で、どんな人だったのか調べてみてください。

あとがき

「下村さん、本を書いてみませんか？」

と、集英社の編集者・菅原倫子さんから熱いお手紙を突然にいただき、このたび本を出版することとなりました。

僕が「写真集」を出版するのならば、その打診いただいた内容も理解できるのですが、「文章で、写真家の下村さんの女性に対する愛と想い、美意識に裏打ちされた美女論を語ってほしい」とおっしゃられた。

身に余る光栄と思うと同時に、こんな僕に何が文章で表現できるのか迷いながら、でも、自分の中に燃えるその「愛と想い」を表現してみようと思いました。

また、雑誌が斜陽化していくと言われる時代、菅原女史とはファッション誌のカバー撮影で約3年間ご一緒し、共に闘ってきた。彼女のクリアーな視点、そのセンス、オーガナイズ力を信頼していましたので、僕の散文めいた発言でも、きっと真意をすくい取って、まとめてくださるのではないかと……。

ではせめて形から、と僕の希望で、昭和の文豪がよく缶詰めになっていた神田《かんだ》の洋館「山の上ホテル」の会議室で熱い議論の日々。忘れられません。

20年間の写真家としてのキャリアの中で、僕は、言語のない「写真という二次元媒体の表現」にその想いを込めてきました。

とくに雑誌や広告、オリジナルのプリントや映像作品に。

多くの作品に魂を捧《ささ》げ、結実させていくという過程で、ただでさえ少ないボキャブラリーを失い、幼いころから調べてきた文献も記憶の中から消えていきそうになっていました。

勝手に自分自身を饒舌《じょうぜつ》だと過信していた僕は、結局、同じことを繰り返し繰り返し、幼いころから人に喋《しゃべ》ってきただけ。なんと多くの方にフォローしてきていただいたことか……。

本を書く。その深く自分自身と対面する作業の中で、なぜ僕はこうも美だの美女だのというものに執着するのか？　と根源的な疑問を抱き、「自分自身が幼いころ、美そのものに魂を救われたから」としか説明できないことにあらためて想いいたりました。

ひとつ、僕がこの本で心したのは、単なる美女礼讃《らいさん》、美しい被写体たちとの経験譚《たん》に終始しないようにするということです。

マイルドなだけの本ではつまらない。

毒にも薬にもならないものでは意味がない。

職業柄、当然、セレブリティの方々の実名が出てきます。ときには下世話に聞こえるかもしれない。

でも、この「文章での出版」は、僕の人生に何度もあることでは決してありませんので、想いのたけを大いに書かせていただきました。

もしそれで不快に感じる方がいらっしゃったら、僕の不徳の致すところです。
そして、読者の方が少しでもこの本を読んで共鳴してくださるようなことがありましたら、これ以上の幸せはありません。

２０１６年　下村一喜

文庫版あとがき

この度、文庫版『美女の正体』をお手に取っていただき、本当にありがとうございます。

この『美女の正体』を執筆させていただいたことによって、僕の創作活動の場は大きく広がりました。

テレビへの出演や、講演などもさせていただきました。とりわけ、もっとも変わったことは、改めて自分自身の考えをまとまった形で再認識出来たことと、僕の被写体となる方が読んでくださり、よりスムーズなコミュニケーションの上で撮影が出来るようになったこと。また、僕を知らなかった読者の方々から、とても嬉《うれ》しいお手紙や、お言葉をいただけたこと。本当に、この本を出版できて嬉しく思っています。

僕は撮影時、被写体とよく喋ります（それが風景でも物でも同じように喋りかけます）。なぜなら写真は被写体があっての表現だからです。その「喋りかけ」によって被写体の表情が見違えるように美しく変わります！

撮影現場では「間」を大切にしています。油絵画家のように塗り込めて、時間をかけて熟成させ完成させていく作業とは違い、一瞬、一瞬をスピードを持って切り取っていくので、「間」がとても大切になります。相手の精神を読み、相手の間を読む。拳法や剣術に近い呼吸と言いましょうか、でも発せられる言葉は至極、感覚的でもあります。頭の中で、論理的に言語化していくとその瞬間が逃げてしまうからです。

その「間」を何十年も修練し続けた結果、僕は「言葉の人」ではなくなってしまった。より「感覚の人」になってしまった。いつも発想から発想へジャンプして、日常会話も断片的に喋るので、何を言っているのかわからない！　と、身近な友人によく言われてしまいます。

本を書くことになり、自分の想いを表すのに適する言葉を探す、選ぶ、綴《つづ》る、リズムをつける、削る。また削る。自分の発する感覚的な音を旋律にしていく作業。この一連の作業がなんと難しいことか。文章を書くには体力がいる、とよく言われますが、頭と身体のフル稼働でひしひしと痛感いたしました。同時に本来の写真家の仕事もしていたので、「言葉の人」になったり、瞬間を生きる「感覚の人」になったり……。本当に編集長にはご迷惑のかけっぱなしでした。

僕が、この『美女の正体』で言いたかった、「異形」であることの意味。それを一人でも多くの方に共鳴していただけたと信じたい。

そして次作であります『ウーマン』（2018年　集英社刊）では「業」を書きました。

『美女の正体』を書いている時に、現れては削ってしまった事物、疑問、歴史上の人物、それらに光を当ててみたかった。僕が撮影でライトをセッティングするように。この作品は自動書記のように進んだのですが、それでも2年の歳月がかかりました。なぜなら「業」を解明していく道程で、「差別」の問題にぶつかるから。『美女の正体』で「区別」を書き、『ウーマン』では前述した、その事柄を、どうしても扱わなければいけなかった。『ウーマン』は『美女の正体』と違い賛否のある評論をいただいた。だからこそ、是非、読んでいただきたいのです。

女性が思うままに、自由に自分を活かす生活を送って欲しい。どんなに有名でも、どんなにお金があっても、どんなに美人でも、それぞれに困難や問題を抱えていることを、僕は写真家という職業を選び、あらゆる階層の方々に会えたことによって、それを知ってしまった。人は比較する生き物であり、同時に人生が比較論でないことも知ってしまった。多くを手にしたように見える人は多くのものを手にしておらず、多くのものを手にしていないと信じる人は多くの可能性を持っている。誰も完全型ではない。僕も、あれが足りない、これが足りないと思い悩む青春の時期を過ぎたとは云《い》え、その煩悩が消えてはいないです。いや、失《な》くさないようにしています。野望も欲望もない人生はあまりにも淋《さみ》しい。色彩がなさ過ぎる。ただ、とても必要になってくるものは、僕は「知性」であると思っています。今も自身、精進している真っ只《ただ》中です。『美女の正体』を書いた理由はそれに尽きます。

この本を出版するにあたり、多くの方のお世話になりました。

これまで写真を一緒に創り上げることができたクリエイターの方々。今まで僕を信頼し、仕事を任せてくださった方々。このたびお世話になったライターの岡本麻佑さん。デザイナーの村沢尚美さん。そして編集者の菅原倫子さんと東本恵一さん。

長年、僕のマネージャーをしてくれている平田陶子さん。僕を支えてきてくれた歴代のアシスタントたち。大好きな、日本や海外にいる友達。パートナーのT君。そして、僕の母、単行本版の発売直後に他界した父。義理の母。可愛い妹と弟。本当に本当にありがとうございました。

2018年　夏　下村一喜

参考文献

新・田中千代服飾事典（同文書院）
現代世相風俗史年表　増補新版（河出書房新社）
集英社国語辞典　第３版（集英社）
リーダーズ英和辞典　第２版（研究社）
プチ・ロワイヤル仏和辞典　改訂新版（旺文社）
新スタンダード仏和辞典（大修館書店）
サロメと名言集　オスカー・ワイルド著　オーブリー・ビアズリー画（新樹社）
ドリアン・グレイの肖像　オスカー・ワイルド著　福田恆存訳（新潮文庫）
サロメ・ウィンダミア卿夫人の扇　オスカー・ワイルド著　西村孝次訳（新潮文庫）
幸福な王子　オスカー・ワイルド著　西村孝次訳（新潮文庫）
Cecil Beaton（A New York Graphic Society Book Little, Brown and Company）
Oscar Night : 75 Years of Hollywood Parties（Knopf）
More Letters of Oscar Wilde（Vanguard Press）

Special thanks

（敬称略）

安倍佐和子　アマナイメージズ　池ヶ谷ひろ子　市原みちよ　伊藤景
井上智明　今井田留美　岩田典子　宇都宮いく子　大塚陽子
押田比呂美　avex music creative inc.　イイノ・メディアプロ　Vita inc.

勝部洋子　川島裕子　川原文洋　川良咲子　漢那美由紀　菊池琢也
清田仁　黒田啓蔵　桑野毅　小池修一郎　Koshino
Coco　講談社　光文社

佐伯敦子　櫻井賢之　佐々木敬子　資生堂　鹿田美智子　重野由佳
Shinya　シュウ ウエムラ　小学館　世界文化社　宋明美

Takako　たかの友梨ビューティクリニック　宝島社　宝塚歌劇団
タナカノリユキ　田村小春　Chiharu　照沼美紀　戸賀敬城
富永朋子　Donna Models

中谷圭子　西沢邦浩　日本メナード化粧品　日経BP社　野田晶

ハースト婦人画報社　馬場利弘　馬場郁雄　鳩山江美　原神一
Hanjee　伏見京子　藤崎コウイチ

間山雄紀　松田綾子　三上宏幸　三浦加納子　百瀬三香　Mosh inc.

吉川純

渡辺佳代子　渡辺恒一郎　渡辺サブロオ　渡辺瑞枝

Peter Ryan

解説　美女を描く天才の〝美人論〟、その圧倒的な説得力！

齋藤　薫

日本の女性誌は、ともかく情報に関して言えば超一流、写真のクオリティーも極めて高い。しかし残念ながら、雑誌そのものの数が多いこともあって、常に部数競争に苛《さいな》まれ、遊びというものが逆にとても少ない。有名な外国雑誌では、言ってみれば〝あってもなくてもいい、無駄かもしれないページ〟が沢山割かれているのに、日本の女性誌にはそれがないのだ。しかし、そうした無駄かもしれないページにこそ、文化が宿り、美意識を強烈に刺激してくれる何かがあるはずで、そこだけはとても残念に思う。

でも、ある種そうした見えない規制の中でも、必死で私たちの美意識に訴えかけようとしてくる写真家がいる。それが、この本の著者、下村一喜さんである。

確かに今の日本で求められているのは、リアリティーと時代の潮流であるエフォートレスなのかもしれない。しかし、下村一喜さんの作品には、絶対的な

〝美〟がある。何が何でも見る人を釘《くぎ》付けにし、凝視させる〝微動だにしない美の力〟がみなぎっている。言い換えれば、そこには紛れもない様式美があり、クラシカルでデコラティブ、どこか貴族的で退廃的でもある。だから、時に鳥肌が立つような衝撃を受けるのだ。

女性誌に何を求めるかは、人それぞれだけれども、ペラペラめくるだけで眠っていた美意識が揺り起こされ、ぐらぐらと揺さぶられるような体験を望む人も少なくないはず。私事で恐縮だけれど、それまで私は1950年代、60年代のファッション系の写真集を時々眺めることで、ある種の欲求不満を埋めてきた。だから初めて、下村さんの作品を見たとき、日本にもこういう耽美《たんび》的な写真を撮る人がいたのだと、とても感慨深く、無性に嬉《うれ》しくなったのを覚えている。

でもなぜこの人は、こういう写真が撮れるのだろう？　同時に下村一喜さんという人の感性を創造したもの、才能のルーツを覗きたいという衝動にかられたのもまた事実だった。今回の一冊は、その謎が全て解けるという意味で、二重の感動をもたらしてくれるのだ。

美しいお母様の存在。当たり前のようにブランドの話が入ってくる親子の日常会話。子供の時から見漁っていた映画。8歳の時に知った山口小夜子……類い稀《まれ》な美意識の萌芽を見つけるのは、何とも言えない快感である。

何より、自分は単なる写真家ではなく、美人画を撮る写真家であると語ったことに、深く深く納得した。しかも、美女をそのまま美女に撮るのではなく、自分の美しさに気がついていない人を美女に撮り、もともとの美女は、単なる美しさとは違ったものを引き出して撮る、結果として、ほとんど全員を見事な美女に描いてきた人である。自分にはそれができると自負している……そういう強い言葉を、本の中に残せる人。だからこそ、この人には誰にも描けない美女の正体と言うものが、詳細に語れるのである。

今まで様々に語られてきたはずの〝美女の定義〟。

なのに、新たな定義が語り直されるのを、私たち女はいつも心待ちにしている。「美女とは誰か？」「美女とは何か？」

おそらくはそのどこかに〝自分との関わり〟を見つけたいから。あるいはまた、「別に美女でなくたってかまわないじゃない？」と言ってほしいから。

でもそんな中、この『美女の正体』で提唱された〝美女のグラデーション〟ほど、強い説得力で多くの女性を救い、また納得させるものはなかったかもしれない。

そうなのだ。〝美女〟という概念の曖昧さは、私たち女が美女100％から0％までのグラデーションの上を行き来できるがゆえのもの。そして、女としての運命論を照らし合わせると、グラデどころかひと回りして、100％と0％がドーナツのように繫《つな》がってしまう。そういう発見も含め、美女からブスまでひと通りを体験しないと表現できないような喜怒哀楽、その機微までを語ってくれたのだ。

いや、その新定義に仄《ほの》めく優しさには、〝残酷な男目線〟も、〝独りよがりな女目線〟も超えた、〝人間としての穏やかで冷静な目線〟が垣間見える。全ての女性一人一人と丁寧に向き合ってくれそうな美人論なのである。

この世には、いつの時代も〝美女の語りべ〟とも言うべき天才が現れて、後世にその正体を伝え残してきた。歌麿《うたまろ》しかり、ラファエロやマネしかり、そしてホルストやアービング・ペンしかり。大学在学中に、パリに渡り、無我夢中で手にした〝最初の仕事〟がマダム・フィガロの表紙になってしまう人、下村一喜さんも紛れもなくその一人なのだろう。

彼らの作品がなかったら、〃美女〃の地位はもっと低かったかもしれないくらい、彼らは美女をひとつの確固たる芸術にし、崇《あが》め奉る対象とした。

でもこの人の作品は、それだけじゃない、女たちへの情に満ちている。女優であれモデルであれ、自分が崇高に描かれることには無上の喜びを感じるはずだが、その類い稀な表現力は、被写体を現実にひと次元引き上げる。撮られる本人をここまで幸せにする写真はないはずなのだ。美しくなりたいという女の気持ちを激しく掻《か》き立てるのはもちろんのこと、女性に対する、理屈を超えたリスペクトがまざまざ伝わってくるから、この人の作品は、何だか見ているだけで胸がいっぱいになる。

だからこそ思うのだ。この人が撮る商業写真は、雑誌や広告を見る人だけのものにあらず、まずその前に、被写体になるその人自身の魂に語りかけるものであること。少なくとも、自分の姿を撮影された女性の人生には、必ず何か新しいことが起きているに違いないのだ。

ある中堅の女優の場合を言えば、正直これまで、〃実物の方がはるかに美しいのだろうな〃と思わせるような写真しか見たことがなかった。写真写りが悪いのだと言ってしまえばそれまでだけれど、やはり写真には被写体として美しく写れない人っているものなのだと、その人を見るたびに思っていた。

しかし、下村一喜さんがその女優を撮った作品は、まさに目を見張るほど美しかった。この人にはこんな表情があったのだと、はっとさせられると同時に、自分の姿をここまで美しく切り取ってもらえる女の喜びが、その写真からもにじみ出ていた。女にはわかるのだ。美しく撮ってもらうことの無上の喜びが。

おそらくその人が美しく写真に写れなかったのは、何らかのブレーキがかかっていたのだろう。自分でも気がつかないブレーキが。それを取り外したのが、この人だけのテクニック。本書の中で、下村氏はこう語っている。自分にとって、写真は「止まっている映画」であると。おそらくは、その女優にも写真の中で演技をさせたのだろう。そういう魔法をこの人は持っているのだ。

まさにその魔法を女性が自らにかける術《すべ》も、本書の中に詳細に描かれている。美女となる自覚を目覚めさせる、魔法のような言葉がちりばめられているのだ。

つまり、この本の中でも、写真と同じことが起こっている。例えば、美女として生きていくためには、「ハッタリ」と元気が大事と説かれているが、このハッタリこそ、女性が女性として全員持っているべき、ある意味の自信なのではないだろうか。また元気こそ、華やかと言う形容動詞を生み出すパワー……まさにそう、その通りと思わず膝を打った。

なぜ、そこまでわかるのだろう。いやそれどころか、こんな一文を見つけて驚いた。「女性には月の満ち欠けと呼応するような神秘的な周期があり、容姿も気分も一定ではない。少なからず、そこの微細な気持ちにトランスできないというのでは、真に女性を心から高揚させ、素晴らしい作品を作ることができないのです」

まさしく女の真髄！　そこまで知り得たのは、ファインダーを通して見ると、普通は見えない女の芯の部分が映るからなのだろう。ここまで知り尽くした人だからこそ、女を内側から美女にする術も心得ていた。見た目に美人を作る人だからこそ、その精神論も、女の中に潜む美しくなりたい気持ちをざわざわと揺さぶるのである。

そもそもが美しさにまつわる様々な提唱には、常に曖昧さが付きまとった。なぜならば、〝人の美しさは内面からにじみ出るもの〟と説く精神論と、オシャレや美容といった具体的なテクニックが、常に共存しながらも、一方で、お互いを否定し合うような仕組みにあったからである。内面か外見か……女性たちは常にその間で一体どちらが事の本質なのか戸惑い続けてきた。いやこれからも永遠に戸惑い続けるのだろう。内面と外見、精神と見た目……そのちょうど中間に立って、どちらも否定せず、どちらにも偏らず、美の本質を語るバランス感覚は、カメラを操り、文章も操ることができるこの人の才能だけに許されたものなのかもしれない。

ましてや、いかに女性の心をわかろうと、この人は女性ではない。しかも写真家と言う立場を超えた、鋭利な社会性の持ち主である。その客観性がまたバランス感覚を研ぎ澄まさせる。何重ものフィルターを通った、生々しくも高尚な女性論。

それが今回初めて言葉になり、私たちに届けられる。だから多くの女性論を読んできた人にも、改めて、一言一言が響くはずなのだ。

かくして今、新しい美女への扉が開け放たれる。全ての女性がそこに引き上げられていく手ごたえと喜びに、胸をいっぱいにするに違いない一冊、美しくなりたくない女は一人もいないのだ。だから全員、その圧倒的な説得力に身を委ねたい。

（さいとう・かおる　美容ジャーナリスト）

本書は、２０１６年６月、書き下ろし単行本として集英社より刊行されました。
文庫化にあたり、再編集しました。

図版作成／村沢尚美（ＮＡＯＭＩ　ＤＥＳＩＧＮ　ＡＧＥＮＣＹ）

集英社文庫

美女《びじょ》の正体《しょうたい》

2018年11月25日　第1刷
2025年6月22日　第3刷

定価はカバーに表示してあります。

著　者　下村一喜《しもむらかずよし》

発行者　樋口尚也

発行所　株式会社　集英社
東京都千代田区一ツ橋2-5-10　〒101-8050
電話　【編集部】03-3230-6095
【読者係】03-3230-6080
【販売部】03-3230-6393（書店専用）

印　刷　株式会社DNP出版プロダクツ

製　本　ナショナル製本協同組合

フォーマットデザイン　アリヤマデザインストア　　マークデザイン　居山浩二

ISBN978-4-08-745810-7 C0195